Betriebs- und verkehrswirtschaftliche Forschungen
Herausgegeben von Dr. Konrad Mellerowicz
o. Professor der Betriebswirtschaftslehre an der Handels-Hochschule Berlin
Heft 1

Die betrieblichen Funktionen und ihre Organisation

Von

Dr. Walter Schramm

Walter de Gruyter & Co.
vormals G. J. Göschen'sche Verlagshandlung – J. Guttentag, Verlagsbuchhandlung – Georg Reimer – Karl J. Trübner – Veit & Comp.
Berlin 1936 Leipzig

Archiv-Nr. 131536

Druck von Buch- und Kunstdruckerei Wilhelm Postberg, Bottrop in Westfalen.
Printed in Germany

Inhaltsverzeichnis.

Verzeichnis der in der Arbeit verwendeten Abkürzungen.

AWF	=	Ausschuß für wirtschaftliche Fertigung.
H. d. A.	=	Handbuch der Arbeitswissenschaft.
H. d. B.	=	Handbuch der Betriebswirtschaft.
H. d. E.	=	Handbuch des Einzelhandels.
RKW	=	Reichskuratorium für Wirtschaftlichkeit.
Z. f. B.	=	Zeitschrift für Betriebswirtschaft.
Z. f. hw. F.	=	Zeitschrift für handelswissenschaftliche Forschung.
Z. f. Hw. u. Hp.	=	Zeitschrift für Handelswissenschaft und Handelspraxis.
Z. f. O.	=	Zeitschrift für Organisation.

Vorwort.

Für jeden Betrieb ist ausreichende Organisation eine Lebensfrage. Diese Tatsache hätte eigentlich frühzeitig dazu anregen müssen, die organisatorischen Zusammenhänge zu erforschen.

Was auf diesem Gebiete bisher geleistet worden ist, reicht nicht aus. Zwar gibt es eine Unzahl von Arbeiten, die einzelne, praktisch erprobte organisatorische Einrichtungen und Maßnahmen beschreiben. Jedoch mangelt es an brauchbaren Darstellungen grundsätzlicher Art.[1]) Woran liegt das?

Nicht selten hört man von Organisationspraktikern, Organisation sei nicht erlernbar, es sei ein Talent. Diese Ansicht vernachlässigt wichtige Zusammenhänge. Zum Organisieren gehört zweierlei: erstens die Klarheit über das, worauf es ankommt; zweitens die Fähigkeit, das Erkannte erfolgreich durchzuführen. Das zuletzt Genannte wird immer stark mit den persönlichen Gaben verknüpft sein. Das gilt indessen weniger für das zuerst Gesagte. Hier kann die wissenschaftliche Arbeit wertvolle Dienste für die Praxis leisten.

Die vorliegende Arbeit beschäftigt sich mit Organisationsproblemen der Wirtschaftsbetriebe. Diese Eingrenzung des Arbeitsgebietes ist nicht dadurch begründet, daß etwa nur in Wirtschaftsbetrieben Organisationsfragen auftauchen. Im Gegenteil. Diese Probleme gibt es überall, wo der Mensch mit anderen Menschen oder mit Sachen in Berührung kommt. Es wäre also durchaus gerechtfertigt, eine allgemeine Organi-

---

[1]) So schreibt Kosiol in einem Aufsatz „Organisation und Betriebswirtschaft" (Die Betriebswirtschaft, Jahrgang 1934, S. 81 ff.): „... es haben die Wirtschaftswissenschaften die organisatorischen Grundprobleme in starkem Maße vernachlässigt. Innerhalb der Betriebswirtschaftslehre insbesondere ist die Lehre von der Organisation theoretisch noch wenig ausgebaut." — Neuestens wächst das Interesse an einer theoretischen Fundierung. Das beweisen 2 Neuerscheinungen:

Hennig: „Einführung in die betriebswirtschaftliche Organisationslehre." (Berlin 1934) und Nordsieck: „Grundlagen der Organisationslehre." (Stuttgart 1934). Beide Veröffentlichungen sind wertvoll. Sie geben jedoch keine Veranlassung, die Kosiol'sche Feststellung zu korrigieren.

sationslehre als selbständige Wissenschaft aufzubauen.[2]) Die Betriebswirtschaftslehre würde das sehr begrüßen, weil sie sich deren Ergebnisse zunutze machen könnte. Da nun diese Ergebnisse fehlen, der Betriebswirt aber organisatorische Fragen lösen muß, ist er gezwungen, von seinem Fachgebiet aus die Initiative zur Ausbildung der Organisationslehre zu ergreifen.[3]) Seine Erfahrung schöpft er hierbei notwendig aus den Wirtschaftsbetrieben. Diese Quelle ist nicht ungeeignet, denn sie ist das Hauptarbeitsgebiet der Organisationspraxis. Sie bietet eine Fülle von Anschauungsmaterial, aus der sich Zusammenhänge herausschälen lassen müssen, die Allgemeingültigkeit besitzen.

Es werden hier Organisationsfragen im Zusammenhang mit den betrieblichen Funktionen behandelt. Dies geschieht, weil dieser Zusammenhang ein so enger ist, daß sein gründliches Studium für das organisatorische Verständnis unerläßlich ist.

Der Rahmen der Arbeit ist sehr weit gewählt. Das verleitet dazu, sich in Einzelfragen zu verlieren. Um dieser Gefahr zu entgehen, war strengste Konzentration auf das Wesentliche nötig. Das bedingt, daß vereinzelt Probleme, die in der Literatur bereits ausgedehnter behandelt sind, nicht angeschnitten werden. Es wird auf sie durch einen Hinweis auf die vorhandene Spezialliteratur aufmerksam gemacht.

Die Anregung zu dieser Arbeit ging von Professor Dr. Mellerowicz aus, dem an dieser Stelle für die verständige Förderung, die er der Arbeit zuteil werden ließ, herzlichst gedankt sei.

---

[2]) Plenge: Drei Vorlesungen über die allgemeine Organisationslehre. (Essen 1919).

Bogdanow: Allgemeine Organisationslehre, Tektologie (Berlin 1926).

Neuestens Nordsieck bei verschiedenen Gelegenheiten. Vergl. eine Buchbesprechung in Z. f. hw. F. 1932, S. 614; ferner Z. f. O. 1933, S. 355/6 den Aufsatz: Der neue Sinn der korporativen Organisation. Neuestens gibt er eine großangelegte Rechtfertigung in seinem schon erwähnten Buch: Grundlagen der Organisationslehre.

[3]) Nicklisch, le Coutre, Thoms, Nordsieck, Hennig; außerdem zahlreiche Amerikaner.

Einleitender Teil.

Begriffliches.

Die Elemente jeder Wissenschaft sind die Begriffe. Solange über sie nicht eindeutige Klarheit geschaffen ist, ist die wissenschaftliche Arbeit gehemmt. Unklarheit, Mißverständnisse sind die unausbleibliche Begleiterscheinung.

Obwohl die Begriffe Funktion und Organisation in der betriebswirtschaftlichen Literatur häufig auftreten, ist ihr Inhalt nicht völlig klar.

Was unter Funktion zu verstehen ist, wird nur selten gesagt. Nordsieck[4]) gibt eine genauere Erläuterung. Er versteht darunter die einzelne Beziehung eines „Aufgabenträgers"[5]) zu einer Aufgabe. Es kann somit die gleiche Aufgabe durch eine oder verschiedene Funktionen erfüllt werden, je nachdem, ob an ihrer Lösung ein Aufgabenträger oder mehrere beteiligt sind! Diese Abhängigkeit des Funktionenbegriffes vom Aufgabenträger scheint jedoch nicht das für ihn Charakteristische zu sein. Es findet sich bei keinem sonstigen Autor eine ähnliche Deutung.

In seiner ursprünglichen Bedeutung heißt Funktion (lat. functio) Verrichtung, Tätigkeit. In diesem Sinne findet der Begriff auch wiederholt Verwendung. Andere bezeichnen mit Funktion eine Aufgabe. Sie sprechen von Funktionen, die zu erfüllen sind. Beide Deutungen stehen in gewissem Zusammenhang: eine Aufgabe harrt der Erfüllung; sie ist Arbeitsziel. Tätigkeit ist zeitlicher Arbeitsvollzug. Sie setzt eine gestellte Aufgabe voraus, denn jede Tätigkeit verlangt ein Ziel.

Funktion als Aufgabe umschreibt Art und Umfang einer zu vollbringenden Leistung. Ob später, beim tatsächlichen Arbeitsvollzug diese Aufgabe erledigt wird, also die Leistung geschieht, voll und ganz, mehr

---

[4]) Nordsieck: „Die schaubildliche Erfassung und Untersuchung der Betriebsorganisation". (Stuttgart 1932) S. 22.

[5]) Nordsieck versteht unter Aufgabenträger eine Person oder Personengruppe, die wenn es nötig ist, auch mit den zur Aufgabenlösung erforderlichen Hilfsmitteln und Maschinen ausgerüstet ist.

oder weniger, ist eine andere Frage. Funktion als Aufgabe bedeutet demnach ein Arbeits-Soll [6]) und hat stets Normcharakter.

Die organisatorische Problematik liegt weniger in der Tätigkeit selbst, als in der vorausgehenden Abgrenzung ihres Inhalts. Die größere Bedeutung hat also der Begriff im Sinne von Aufgabe.

Damit ist aber das Wesen der Funktion noch nicht genügend klar umrissen. Aufgabe ist zu allgemein, als daß damit das Spezifische des Funktionenbegriffes schon voll gekennzeichnet wäre. Ein anderes Merkmal ist noch von Bedeutung, das die Mathematik so stark in den Vordergrund gestellt hat: das Merkmal der Abhängigkeit, das Zusammenhängen mit anderem. Eine Funktion ist eine Aufgabe, die unselbständig ist, die nur als Glied einer größeren aufgefaßt werden kann, die sie mit anderen komplementären ausmacht. Funktion ist eine Aufgabe mit Gliedcharakter. Darin liegt das Wesentliche.[7])

Um zu erklären, was Organisation ist, kann man — anders als beim Funktionenbegriff — auf eine große Zahl von Begriffsbestimmungen zurückgreifen. Sie unterscheiden sich aber inhaltlich zum Teil recht erheblich. Im Wesentlichen lassen sich zwei Gruppen von Erklärungen unterscheiden, von denen die eine Organisation als Vorgang, die andere Organisation als Ergebnis eines Vorgangs auffaßt.[8])

Die Problematik der Organisation tritt vor allem beim Organisationsvorgang hervor. Sie findet später in dem Ergebnis der Organisationstätigkeit in einer mehr oder weniger glücklichen Lösung ihren Niederschlag.

Will man diese Problematik aufzeigen, so muß man den Organisationsvorgang sorgfältig studieren. Ihm kommt also die entscheidende Bedeutung zu. Es ist deshalb zweckmäßig, sich bei der Begriffsbestimmung an jene Gruppe von Erklärungen zu halten, die Organisation als Vorgang auffaßt.

Es soll hier darauf verzichtet werden, die recht zahlreichen Definitionen aufzuzählen und kritisch zu beleuchten. Es würde dies zu langatmigen begrifflichen Erörterungen führen, die abseits von den hier

---

[6]) So spricht Sheldon von „function — or, work to be done". (The philosophy of management, London 1924, S. 104).

[7]) Im Gegensatz zu Nordsieck, der das Wesentliche in der Beziehung zum Aufgabenträger sieht, steht hier die Beziehung zur Oberaufgabe im Vordergrund.

[8]) Einzelne Autoren bringen den Unterschied begrifflich dadurch zum Ausdruck, daß sie von Organisierung und Organisation sprechen. Diese Unterscheidung wurde wohl zuerst von Pape gemacht (in Z. f. Hw. u. Hp. 1924, S. 176).

eigentlich zu behandelnden Fragen stehen. Es ist für die vorliegende Arbeit ausreichend, herauszustellen, was hier unter Organisation verstanden werden soll:

Organisation ist die planvolle Zusammenfassung geeignetster Menschen und Sachdinge zur gemeinschaftlichen Lösung einer Aufgabe.

Diese Erklärung berücksichtigt das Wesentliche der Organisation:

1. Teile werden zu einem Ganzen zusammengefügt.
2. Diese Verbindung erfolgt zielbewußt und geregelt, damit die Harmonie des Ganzen gesichert ist.
3. Die Teile, die vereinigt werden, müssen die geeignetsten sein, die für den gesetzten Zweck zur Verfügung stehen.
4. Die Bindung erfolgt zu gemeinsamer Leistung.
5. Es wird das Verhältnis von Mensch zu Mensch, von Mensch zu Gegenstand und von Gegenstand zu Gegenstand geregelt.
6. Organisation ist stets nur Mittel zum Zweck, niemals Selbstzweck.
7. Das Ergebnis der Organisation ist etwas Lebendiges, da es das menschliche Element umschließt.

Die volkswirtschaftliche Funktion des Betriebes.

Die Wirtschaft eines Volkes hat die Aufgabe, die Bedürfnisse von Staat und Volk zu befriedigen. In welchem Umfange und mit welcher Sicherheit dies gelingt, ist Kennzeichen für die Güte der Wirtschaft. Sie ist wesentlich durch die Organisation der Gesamtwirtschaft bestimmt.

Die Bedarfsdeckung kann verschieden organisiert werden. Die Wirtschaftsgeschichte zeigt, daß die Organisation in den einzelnen Epochen sich recht erheblich voneinander unterschieden hat. Heute ist sie durch zweierlei gekennzeichnet:

1. es werden lange Produktionsumwege eingeschlagen zwecks Herstellung von Produktionsmitteln, mit deren Verwendung dann die Genußmittelproduktion quantitativ und qualitativ unerhört gesteigert wird;
2. die Gesamtaufgabe wird in viele spezielle zerlegt, deren jede in mindestens einem (Monopol), meist mehreren selbständigen Betrieben gelöst wird. Diese Spezialisierung ist einmal eine horizontale, denn es werden eine Vielzahl verschiedenartiger Produktionsprozesse nebeneinander durchgeführt. Sie ist daneben eine vertikale Aufgliederung der einzelnen Produktionsprozesse, die von der Rohstoffgewinnung her beginnt und durch den Vertrieb des Produzierten an den letzten Konsumenten ihren Abschluß findet.

Das Ergebnis dieses Spezialisierungsvorganges ist eine unerhörte Vielfältigkeit der Betriebe, in die eine Systematik zu bringen, sehr schwierig ist. Versuche hierzu sind wiederholt gemacht worden.[9]) Eine einheitliche hat sich indessen bis heute nicht durchgesetzt.

Von der Gesamtwirtschaft her erklärt sich das betriebliche Dasein. Die volkswirtschaftliche Funktion, die ein Betrieb erfüllt, gibt ihm seinen Wert und seine Existenzberechtigung. Bei betriebswirtschaftlicher Blickrichtung wird aus der volkswirtschaftlichen Funktion die Betriebsaufgabe.[10]) Da durch die Natur der Betriebsaufgabe sich Art und Umfang der betrieblichen Funktionen ergeben, ihre Verteilung und ihre organisatorische Zusammenfassung, so leitet schließlich die kleinste betriebliche Funktion, die letzte betriebliche Zelle ihre Existenz und ihre Struktur von der Gesamtwirtschaft her.

Die Verbindung zwischen Betrieb und Gesamtwirtschaft wird durch die Marktbeziehungen jeden Betriebes hergestellt. Diese Marktbeziehungen sind dadurch charakterisiert, daß sie durch Geld vermittelt werden. Diese Tatsache läßt die Geldrechnung für die Betriebe ausschlaggebende Bedeutung erlangen. Es wird für sie eine Lebensfrage, das Verhältnis zwischen Kosten, Leistung und Erlös zu regeln. Das zwingt dazu, alles betriebliche Sein und alles betriebliche Tun geldwertmäßig zu erfassen. Es führt dazu, daß das Betriebsleben doppelt sich zeigt: einmal als tatsächliches, in der Arbeit der Menschen, in der Bearbeitung von Material, in der Nutzung von Produktionsmitteln. Daneben das Spiegelbild: geldwertmäßig im Rechnungswesen.

Im Mittelpunkt dieser Arbeit steht der reale Betrieb, nicht sein Spiegelbild, nicht das Finanzielle. Das Rechnungswesen interessiert deshalb nur

1. als Teilbetrieb, als Abteilung, in der Menschen mit Mitteln ausgerüstet sind, um Rechnungsarbeiten zu erledigen und
2. als Organisationsmittel, wegen seiner Eignung für Informations- und Kontrollzwecke.

---

[9]) letzter, sehr gründlicher Versuch von Mellerowicz: „Kosten und Kostenrechnung I: Theorie der Kosten". S. 280.

[10]) die Begriffe Funktion und Aufgabe sind hier in dem einleitend gegebenen Sinne zu verstehen. Daher wird bei volkswirtschaftlicher Betrachtung von der betrieblichen Funktion gesprochen, um das Gliedhafte der Betriebsleistung hervorzuheben. Bei betriebswirtschaftlicher Betrachtung ist dieselbe Sache letztes Ziel: aus der Funktion wird die Betriebsaufgabe.

Hauptteil.

I. Die Formulierung zu organisierender Aufgaben.

1. Allgemeines.

Eine Aufgabe kann roh und exakt gekennzeichnet werden. Wird sie genau umrissen, so ist neben der Zielsetzung auch der Weg zum Ziel [11]) gegeben. Der zur Aufgabenlösung nötige Arbeitsvollzug ist damit bis in die letzten Einzelheiten festgelegt. Das Wesentliche der genauen Aufgabenformulierung ist die Wegspezifizierung.

Eine Aufgabe kann aber auch nur angedeutet sein. Hierbei sind die verschiedenartigsten Abstufungen denkbar, je nachdem, ob die zur Aufgabenlösung nötigen Arbeiten mehr oder weniger summarisch angegeben sind. Je mehr auf Einzelheiten verzichtet wird, um so mehr muß das Ziel, das mit der Aufgabe verfolgt wird, in den Vordergrund treten, wenn die Aufgabe überhaupt lösbar sein soll.[12]) Das Kennzeichen ganz allgemein formulierter Aufgaben ist also die Zielsetzung.

Dem Organisator werden stets nur angedeutete, allgemein formulierte Aufgaben gestellt. Die typisch organisatorische Arbeit besteht darin, den richtigen Weg zum gesetzten Ziel herauszuarbeiten.

Der Weg wird aus dem Ziel abgeleitet. Seine Brauchbarkeit hängt also entscheidend davon ab, daß das Ziel ganz klar erfaßt wird. Die beste Organisation ist wertlos, wenn das Ziel, dem sie zu dienen hat, falsch gesetzt ist.

Zur scharfen Bestimmung des Zieles gehört die Angabe folgender Daten:

1. die Art der Leistung,
2. die Leistungsmenge pro Zeiteinheit,
3. die Leistungsdauer,
4. die Leistungsreagibilität.

---

[11]) Wenn der Weg vollständig angegeben ist, wird die Angabe des Ziels nebensächlich. Sie kann nur dazu dienen, das Verständnis für die genau vorgeschriebene Arbeit zu fördern.

[12]) Die allgemein formulierte Aufgabe „produzieren" kann nicht gelöst werden. Es fehlt nicht nur die genaue Angabe des Weges, sondern auch das Ziel selbst. Erst wenn das Ziel klarer zutage tritt, ist die Lösung möglich, z. B. „Stahl produzieren".

Während Ziffer 1 bis 3 ohne weiteres einleuchten, muß das Wesen der Leistungsreagibilität noch etwas näher erklärt werden. Durch diesen Begriff soll das Verhalten der Leistung im Zeitablauf erfaßt werden. Bleibt die Leistung während der gesamten Leistungsdauer stabil oder ist mit Schwankungen zu rechnen? Treten Veränderungen auf, so ist zu klären, ob sie sich auf die Quantität oder die Qualität beziehen, ferner, ob sie allmählich oder plötzlich einsetzen, ob die Schwankungsintensität groß oder gering ist.

2. Risiken bei der Bestimmung der Betriebsziele.

Bei Wirtschaftsbetrieben tritt hier eine grundlegende Schwierigkeit auf: der Unternehmer, der das Ziel setzt, zu dessen Verwirklichung der Organisator den passenden Betrieb aufbauen soll, vermag die oben zusammengestellten Daten nicht ausreichend zu beantworten.

Vor allem kann die Leistungsmenge nicht sicher bestimmt werden. Sie schwankt recht kurzfristig, je nach Wirtschaftslage; sie schwankt sowohl mengenmäßig als auch wertmäßig.

Auch die Art der Leistung wandelt sich, wenn auch in vielen Fällen weniger kurzfristig.[13]) Derartige Veränderungen können durch bessere Leistung der Konkurrenz hervorgerufen sein; sie können auch durch Bedarfsumstellung verursacht sein.

Damit schwankt auch die Dauer der Leistungserstellung.

So wird jedem Unternehmer schon bei der Gründung Risiko aufgelastet. Die Gefahr des Mißlingens einer Aufgabenlösung wird im Moment des Entschlusses, einen neuen Betrieb aufzubauen, geboren.

Die klare Herausarbeitung des Ziels ist Aufgabe des Unternehmers. Er überträgt sie jedoch oft dem Organisator. Die Zielklärung bedeutet dann für ihn eine einleitende, die Organisation vorbereitende Aufgabe. Damit er sie einwandfrei löst, muß er auch Wirtschafter sein, mit gediegenen Kenntnissen der Marktzusammenhänge sowie der Methoden der Marktforschung.

II. Die organisatorische Problematik.

1. Wegwahl.

Ist das Betriebsziel soweit als möglich geklärt, so kann an die Ausarbeitung des Weges gegangen werden. Hierbei muß man sich stets dessen bewußt sein, daß niemals ein in einem fremden Betrieb einge-

[13]) kurzfristig sind die Schwankungen besonders bei modeabhängigen Leistungen.

schlagener Weg automatisch übertragen werden darf, selbst wenn das fremde Betriebsziel mit dem hier verfolgten völlig übereinstimmen sollte. Denn da alle Arbeit raumgebunden ist, so muß notwendig die neu geplante Aufgabenlösung eine andere Umwelt berücksichtigen.

Welche Lösungsmöglichkeiten gibt es nun?

a) Man übernimmt von einem vorhandenen Betrieb, der die gleiche Aufgabe erfüllt, wie die hier geplante, die zur Lösung nötigen Teilprozesse, wählt aber für diese einen anderen Weg, als ihn das Vorbild benutzt. Diese Teilwege stammen aus Lösungen andersgearteter Aufgaben, die einen gleichen Teilprozeß enthalten, wie er hier benötigt wird. Diese Methode setzt voraus, daß die Lösung verschiedener Aufgaben über gleiche Teilprozesse führt.

b) Man läßt sich durch ein Vorbild nur anregen und findet einen neuen besseren Weg über andere Teilprozesse.

c) Ohne sich auf ein Vorbild zu stützen, gelingt zufällig die Lösung.

d) Die Lösung entspringt systematischer Forschung. Dauernd wechselnde Kombinationsversuche ergeben schließlich einen erfolgreichen Weg.

Regelmäßig gibt es mehrere Wege, die zum gleichen Ziele führen.[14]) Unter ihnen muß der richtige ausgesucht werden. Diese Wahlmöglichkeit ist das spezifisch organisatorische Problem. Es umfaßt alle organisatorischen Einzelfragen, die stets nur Teilfragen jenes umfassenden sind. Denn wenn z. B. Probleme der Mittelauslese, der räumlichen Ordnung der für die Aufgabenlösung ausgewählten Menschen und Dinge aufgeworfen werden, oder wenn es sich um die Funktionsverteilung oder den Instanzenbau handelt, also jeweils um Fragen, von denen jede für sich groß und schwierig ist, so immer nur deshalb, um den richtigen Weg zur Lösung einer bestimmten Aufgabe zu finden.

2. Die Zweckmäßigkeitsfrage.

Bei der Beantwortung der Frage nach dem richtigen Weg begnügt man sich häufig mit dem Hinweis, daß der richtige Weg der von allen zweckmäßigste sei, denn das Zweckmäßigkeitsmoment sei das organisatorisch entscheidende. Die Frage wird dadurch indessen nicht beantwortet. Sie wird nur verschoben. Denn sofort taucht die Frage auf: was ist zweckmäßig? Einige Autoren, die das Unzureichende der üblichen Antwort einsehen, erklären das Zweckmäßige durch das ökonomische Prinzip.[15]) Auch das reicht nicht aus.

---

[14]) eine Vorstellung davon vermittelt ein Blick in die Organisations-Fachliteratur.

[15]) mit einem gegebenen Aufwand die höchste Leistung bezw. eine bestimmte Leistung mit geringstem Aufwand erreichen.

Der zweckmäßige Weg kann in verschiedener Weise zum Ausdruck kommen:

a) als technische Lösung der Aufgabe. Sie ist dadurch charakterisiert, daß zwischen Aufgabe und Lösung strenge Identität herrscht: Soll und Ist stimmen hundertprozentig überein. Die Lösung ist im reinen Sinne „dem Zweck gemäß".[16])

b) als wirtschaftliche Lösung.[17]) Das ist die vergleichsweise wertvollste. Um sie zu finden, werden neben der technischen Lösung der gestellten Aufgabe auch technische Lösungen anderer Aufgaben, die der vorliegenden ähnlich sind, herangezogen und verglichen. Als ungeeignet scheiden diejenigen aus, bei denen die Aufwandsersparnis gegenüber der technischen Lösung geringer eingeschätzt wird, als der Verlust infolge ungenauer Aufgabenlösung. Anderseits werden die technische Lösung oder ihr nahekommende verworfen, wenn sie ein Mehr an Aufwand bedingen, das in keinem Verhältnis zu dem Nutzen steht, den eine genauere Aufgabenlösung bringt.

Da jede technische Lösung vom ökonomischen Prinzip beherrscht wird, so ergibt sich, daß die Zweckmäßigkeitsfrage noch nicht durch den bloßen Hinweis auf dies Prinzip gelöst ist. Denn es bleibt trotzdem die Wahl zwischen der technischen Lösung und der wirtschaftlichen. Die Entscheidung muß zugunsten der letzteren ausfallen. Sie ist die umfassendere, die die technische Lösung umschließt. Denn, wenn Fälle eintreten, in denen eine hundertprozentige Identität zwischen Aufgabe und Erfüllung unbedingt nötig ist, wird die wirtschaftliche Lösung mit der technischen zusammenfallen, weil dann jede andere mehr oder weniger wertlos ist. Die dabei mögliche Aufwandsersparnis ist demgegenüber belanglos.

III. Analyse der Betriebsaufgabe: Grundsätzliches.

1. Elementarfunktionen.

Die organisatorische Arbeit beginnt mit einer Analyse der Betriebsaufgabe. Sie dient dazu, die Einzelheiten des Weges, der zum Ziele führt, oder: mit anderen Worten, den Arbeitsablauf herauszuarbeiten.[18])

---

[16]) sie schließt die Beachtung des ökonomischen Prinzips nicht aus!

[17]) Hennig: Wirtschaftlichkeit ist Maßstab für die Güte einer Organisation. Sie ergibt sich aus einem Vergleich von Nutzen und Opfer. (Betriebswirtschaftliche Organisationslehre; S. 1.)

[18]) In der Z. f. O. Jahrg. 1933 heißt es in einem Aufsatz über die Grundlagen der Organisation auf S. 285: „ohne ein klares System der Arbeitsabläufe ist es unmöglich, ein reibungsloses Funktionieren der einzelnen Abteilungen und ihrer Zusammenhänge zu erreichen".

Der Arbeitsablauf läßt sich als eine Kombination zahlreicher verschiedenartiger Elementarfunktionen auffassen. Diese Elemente wären theoretisch unendlich kleine Arbeitseinheiten. Das interessiert jedoch die Praxis nicht. Für sie kommt es darauf an, eine brauchbare Abgrenzung für praktische Zwecke zu finden.

Gewöhnlich wird es ausreichen, als Elemente jene Funktionen anzusehen, die gerade noch, ohne auf die Erkenntnisse anderer Fachwissenschaften zurückgreifen zu müssen, begriffen werden können. Es handelt sich also um einfache Hör-, Seh-, Sprech-, Denk- oder Bewegungsvorgänge.[19]) Dies Kriterium sichert, daß recht sorgfältige Bewegungsstudien durchgeführt werden müssen, wenn man zu den Elementarfunktionen vordringen will. Das ist aber auch unbedingt erforderlich, denn durch diese Arbeitsuntersuchungen deckt man oft recht erhebliche Fehlerquellen auf, deren Vernachlässigung heute nicht mehr geduldet werden kann. Für den Nachweis des Nutzens, den derartige Bewegungsstudien stiften, könnten zahlreiche Beispiele aufgeführt werden.[20]) Hier mag es genügen, ein besonders augenfälliges anzuführen: „The Efficiency Magazine" berichtet[21]), daß in einer Tuchfabrik durch sorgfältige Untersuchung der Arbeitsbewegungen von 25 Bewegungen 15 eingespart werden konnten. Die Leistung der einzelnen Beschäftigten erhöhte sich dadurch natürlich erheblich, und zwar konnten nach der Neuordnung des Arbeitsvollzugs statt 150 Dutzend nun 400 Dutzend Tücher pro Tag durch eine Arbeiterin gefaltet werden.

In Einzelfällen begnügt man sich schon heute nicht mehr damit, das, was hier als Elementarfunktion bezeichnet war, als solche anzuerkennen. Unter Zuhilfenahme der Erkenntnisse der Physiologie werden in komplizierten Verfahren die einzelnen Arbeitsverrichtungen immer exakter und lückenloser verfolgt. Man kommt zum Teil zu interessanten Ergebnissen. So berichtet z. B. Riedel,[22]) daß arbeitsphysiologische Untersuchungen ergaben, daß die Fälle der verschiedenen Arbeiten der Praxis sich immer wieder auf etwa 35—40 Elementarbewegungen zurückführen lassen.

Man beschränkt sich heute bei derartigen Untersuchungen auch nicht mehr auf das Studium der Bewegungen; man versucht, den bei einzelnen Arbeiten sich ergebenden Verbrauch an menschlichen Energien zu

---

[19]) Nordsieck: „Schaubilder ..." S. 40. Aehnlich sind die Elemente, die Gilbreth ermittelt; vergl. seine 17 Therbligs!

[20]) es lohnt sich zu diesem Zweck ein Durchblättern der Z. f. O.

[21]) im Januarheft 1931 (zitiert nach Z. f. O. 1931 S. 95).

[22]) Riedel: „Arbeitsforschung" (Archiv der Fortschritte betriebswirtschaftlicher Forschung und Lehre 1926, S. 57).

messen. Der Kraftverzehr für geistige Arbeit wird damit auch z. T. erfaßt. Jedoch müssen die physiologischen Untersuchungen durch psychologische ergänzt werden. Daran mangelt es noch. Das erklärt sich aus der unzureichenden Durchdringung der seelischen Vorgänge.

Die letzten aus der Analyse sich ergebenden Elementarfunktionen sind stets solche, die durch Menschenkraft erledigt werden. Es sind Wirkfunktionen, wenn der Mensch die einzige oder entscheidende Kraftquelle für die Arbeitsleistung ist. Es sind Bedienungsfunktionen, wenn der Mensch nur die Aufgabe hat, andere maschinelle Kräfte zur eigentlichen Arbeitsleistung auszulösen.

2. Funktionenfolgen.

Die Kombination der Elementarfunktionen geschieht teils nebeneinander und teils nacheinander. Wird ausschließlich nach dem Prinzip der Folge kombiniert, so liegt eine einreihige Funktionenfolge vor, andernfalls eine mehrreihige.

Eine einreihige Funktionenfolge[23]) erklärt sich regelmäßig dadurch, daß mehrere Funktionen am gleichen Arbeitsobjekt zu erledigen sind. Dies kann sein:

a) ein sachliches, z. B. ein Werkstück;
b) ein persönliches, z. B. ein Kunde;
c) ein ideelles, z. B. ein Projekt, in Vertrag. Ideelles ist oft durch ein Schriftstück versachlicht, so daß es dann auch unter die Gruppe „sachliche Objekte" eingereiht werden kann.

Mehrreihige Funktionenfolgen erklären sich regelmäßig dadurch, daß die betrieblichen Funktionen mit verschiedenen Objekten verknüpft sind. Doch ist das nicht unbedingt nötig. Es ist eine mehrreihige Funktionenfolge auch am gleichen Objekt denkbar: es wird z. B. die Reparatur einer Maschine durch mehrere Schlosser durchgeführt, die nebeneinander an verschiedenen Stellen der gleichen Maschine Schäden beheben. Oder: Mehrere Personen müssen anpacken, um eine schwere Last zu heben.

Mehrreihige Funktionenfolgen laufen selten völlig unabhängig nebeneinander.[24]) Regelmäßig hängen alle irgendwie miteinander zusammen.

---

[23]) in Anlehnung an Nordsieck: Schaubilder S. 39. Neuestens: „Die Organisation des Arbeitsablaufs". („Die Betriebswirtschaft", 1934, S. 238). Dort spricht Nordsieck von Typen der Reihung innerhalb von Arbeitszyklen.

[24]) Der Umsatz verschiedener Waren im Handel.

a) die verschiedenen Objekte mehrerer nebeneinander laufender Funktionenfolgen werden miteinander verbunden. Die Verbindung ist entweder

kurzfristig, so daß bald darauf die Trennung wieder erfolgt. Das ist der Fall, wenn z. B. ein Werkstück in eine Maschine gespannt wird. Es werden hier Wirkfunktionen, die das Werkstück handhaben, mit Bedienungsfunktionen, die die Maschine lenken, vereinigt. Aehnlich verhält es sich, wenn man eine Schreibpapierlage in die Schreibmaschine einführt, um einen Brief zu schreiben.

Oder:

langfristig. Beispiele hierfür bieten Montagearbeiten oder Schmelzvorgänge.

b) Das Objekt einer Funktion wird aufgeteilt. Jeder Teil bildet Objekt einer oder mehrerer Funktionen. Das ist der Fall beim Spaltungsvorgang, wie er besonders für chemische Prozesse charakteristisch ist; z. B. die Elektrolyse, das Filtrieren, die Destillation. Es gilt aber auch für mechanische Prozesse: z. B. das Durchsägen von Eisenrohr u. ä. Aehnliche Beispiele bietet der Bürobetrieb: z. B. das Abtrennen von Formularen, die geblockt sind.

c) Das Objekt einer Funktion bildet die Voraussetzung für die Ausübung einer anderen mit anderem Objekt. Es muß der Funktionär, wenn so der die Funktion Ausübende genannt wird, der die abhängige Funktion erfüllt, das verursachende Objekt besitzen. Will z. B. jemand einen Brief beantworten, so muß er ihn vorher gelesen haben. Der vom Fremden gesandte Brief ist verursachendes Objekt für die Funktion „Brief schreiben", deren Objekt ein anderer, nämlich der Antwortbrief ist. So verhält es sich auch beim Buchungsvorgang. Verursachendes Objekt ist die Buchungsaufgabe; die abhängige Funktion ist buchen, deren Objekt das Konto ist.

3. Der Funktionenbau.

Der Zusammenhang einzelner aufeinanderfolgender Elementarfunktionen wird zunächst dadurch variiert, daß sie nicht gleichmäßig eng hintereinandergekoppelt sind. Aeußerlich erkennbar ist das daran, daß, nachdem einige Funktionen ohne Unterbrechung hintereinander erledigt werden, eine kurze Unterbrechung gemacht wird, um von neuem eine pausenlose Folge anzuschließen. Genaue Beobachtungen lassen erkennen, daß diese Unterbrechungen nicht willkürlich, sondern immer nach bestimmten Funktionenfolgen einsetzen. Der Ausschuß für wirtschaftliche Fertigung [25])

[25]) AWF: Grundlagen für Arbeitsvorbereitung: Zeitstudien. S. 9.

spricht in diesem Zusammenhang von „Griffen". Er denkt hierbei nur an die industrielle Fertigung. Deshalb ist der Begriff inhaltlich sehr eng. Die gekennzeichnete Erscheinung gilt allgemein. Sie läßt sich z. B. auch beim Denkprozeß feststellen: einzelne Begriffe werden zu Sätzen geformt. Zwischen zwei Sätzen entsteht eine Pause. — Besonders eng gekuppelte Gruppen von Elementarfunktionen bilden jeweils eine Funktion nächsthöherer Stufe. Für sie hat Nordsieck [26]) die Bezeichnung „Teilarbeit" eingeführt.

Mehrere solcher nacheinanderfolgender Funktionen gleicher Stufe, von denen jede eine bestimmte Anzahl Elementarfunktionen umschließt, bilden ihrerseits wiederum eine Funktion höherer Stufe, wenn für sie im Verhältnis zueinander ähnliche Kopplungen bestehen, wie sie für die unterste Funktionenstufe näher erklärt wurden. Inhaltlich gleichen derartige Funktionen dem, was Nordsieck [26]) in Anlehnung an den AWF als „Arbeitsstufe" bezeichnet. Danach sind Arbeitsstufen z. B. das Polieren einer Lauffläche, oder, um neben dem mechanischen Beispiel auch eines aus dem Bereich der geistigen Arbeit anzuführen: das Zusammenfügen mehrerer Sätze zu einem Gedankenzusammenhang, wie er beim Niederschreiben durch Absätze besonders kenntlich gemacht wird.

In dem Maße, in dem Funktionen niederer Stufe zu solchen höherer zusammengefaßt werden, weitet sich der Inhalt der höheren derart, daß sie nicht mehr ausschließlich als Funktion, sondern auch als selbständige Aufgabe begriffen werden können. Wann dann der gleiche Tatbestand als Aufgabe und wann als Funktion zu bezeichnen ist, hängt von der Art der Betriebsaufgabe ab. In einer Maschinenfabrik ist z. B. Lackieren eine Funktion höherer Stufe, in einer Lackiererei die Betriebsaufgabe. Aus der Art der Betriebsaufgabe ergibt sich demnach auch die Stufenzahl des Funktionenbaus. Diese Tatsache spricht dafür, darauf zu verzichten, für jede Stufe der Funktionszusammenfassung einen besonderen Begriff zu prägen, wie es der AWF und neuerdings Nordsieck [27]) gemacht haben.

---

[26]) Nordsieck: Schaubilder, S. 36.

[27]) AWF: Grundlagen ... S. 9 unterscheidet: Griffelemente — Griff — Arbeitsstufe — Arbeitsgang — Fertigungsplan — Fertigungsauftrag.

Nordsieck: Schaubilder ... S. 36 unterscheidet: Arbeitselement — Teilarbeit — Arbeitsstufe — Arbeitsreihe — Arbeitszyklus — Arbeitsablauf.

Nach dem Entwurf der vorliegenden Arbeit veröffentlichte Nordsieck einen Aufsatz über die Organisation des Arbeitsablaufs (Die Betriebswirtschaft. Jahrgang 1934, S. 236), in dem er versucht, die Struktur einer Aufgabe bezw. eines Arbeitsablaufs möglichst scharf zu erfassen. Zu diesem Zweck bemüht er sich, das schon in seinen Schaubildern gebotene Begriffsschema klarer herauszuarbeiten. Dies ist leider nicht gelungen. Nordsieck benötigt zur Er-

4. Funktionenzyklen.

Je mehr Elementarfunktionen zu Funktionen höherer Stufe zusammengefaßt werden, um so mehr wird ein neues Moment wirksam, das die Beziehungen der betrieblichen Funktionen verändert: die Funktionen folgen in verschiedenem Rhythmus aufeinander. Rhythmus ist der Ausdruck für das Tempo, in dem gleiche Funktionen sich wiederholen. Das führt zur Unterscheidung von Funktionenzyklen, oder, wenn man Nordsieck'sche Begriffe verwenden will, Arbeitszyklen. Ein Arbeitszyklus ist eine in eigenem, von dem der anderen verschiedenen Rhythmus auftretende Funktionengruppe.

Während die bisherigen Unterscheidungen möglich waren, indem man sich auf die Untersuchung einmalig auftretender Aufgaben beschränkte, setzt die Auffindung der Arbeitszyklen voraus, daß die Betriebsaufgabe von längerer Dauer ist, so daß die einzelnen Funktionen wiederholt zu erledigen sind.

Die Gründe für den verschiedenen Rhythmus einzelner Funktionenfolgen oder -reihen sind:

a) die schon erwähnten Marktrisiken. So ergibt sich ein verschiedener Rhythmus für den laufenden Absatz und das Mahnwesen.
b) Die Organisation der Volkswirtschaft. Die Regelung der Postbeförderung beeinflußt zum Beispiel den Rhythmus des Posteingangs und der Postexpedition.
c) Organisatorische Eingriffe in den Arbeitsablauf, um ihn wirtschaftlicher zu gestalten. So wird zum Beispiel der Rhythmus der Beschaffungsfunktion von dem der Produktion losgelöst und der der Produktion von dem des Verkaufs, indem der laufende Bedarf der Produktion durch periodischen Einkauf gedeckt wird bzw. die unregelmäßig auftretenden Aufträge der Kunden durch gleichmäßig verteilte Lageraufträge ersetzt werden. Der Ausgleich zwischen den unterschiedlichen Rhythmen geschieht durch Zwischenschaltung von Lagern.

---

klärung einer Stufe seines Funktionenbaus sowohl Merkmale der vorangegangenen als auch der nachfolgenden noch zu erklärenden Stufe. Er erklärt z. B. die Arbeits r e i h e als Reihe von Arbeits s t u f e n an einem Einzelobjekt innerhalb eines Arbeits z y k l u s. Zur Erklärung eines Begriffes wird die Kenntnis zweier anderer vorausgesetzt, die ihrerseits nur durch Bezugnahme auf den gerade zu erklärenden Begriff gedeutet werden können. Hier liegt ein Zirkelschluß vor. Daneben ist auch die Unterscheidung von Teilarbeit und Arbeitsstufe nicht befriedigend. Das Hauptmerkmal ist, daß die eine als u n - selbständige und die andere als r e l a t i v selbständige Arbeitseinheit angesehen wird. — So scheint es nicht notwendig zu sein, auf die neueste Veröffentlichung hin das oben Geschriebene umzustoßen.

Zu unterscheiden sind einreihige Arbeitszyklen und mehrreihige, entsprechend der an anderer Stelle gegebenen Erklärung über die Kombinationsmöglichkeit der Funktionen. Ferner ist zu beachten, daß ein Zyklus ein einfacher oder ein zusammengesetzter sein kann. Einfach ist er, wenn alle den Zyklus bildenden Funktionen genau den gleichen Rhythmus aufweisen. Zusammengesetzt, wenn die den Zyklus bildenden Funktionen ihrerseits einen besonderen Rhythmus haben.

Die Funktion Einkauf zum Beispiel stellt einen zusammengesetzten Zyklus dar. Zerlegt man ihn in die Funktionen niederer Stufe: Lieferquellenstudium, Auftragserteilung und Geschäftsabwicklung, so zeigt sich, daß das Lieferquellenstudium einen anderen Rhythmus hat, als die Auftragserteilung oder die Geschäftsabwicklung. Erstens setzt nicht jeder Auftrag Lieferquellenstudium voraus, zweitens erfordert das Lieferquellenstudium zusätzliche Arbeiten, die ohne Beziehung zur Dichte der Auftragserteilung und der sich an sie anschließenden Geschäftsabwicklung stehen.

Der einfache Arbeitszyklus ist typisch für Funktionen niederer Stufe, der zusammengesetzte für solche höherer Stufe. Trotzdem darf niemals der einfache mit dem niederer und der zusammengesetzte mit dem höherer Stufe identifiziert werden.

5. Aufgabengliederungsprinzipien.

Nachdem so die Struktur der Aufgabe aufgehellt ist, ergeben sich ganz natürlich folgende Gliederungsprinzipien [28]):

a) Gliederung nach Funktionen oder Artteilung,

b) Gliederung nach Objekten. Sie kann sowohl eine Art- als auch eine Mengenteilung sein. Als

Mengenteilungsprinzip tritt sie auf, wenn gleichartige Funktionen in großer Zahl an verschiedenen Objekten zu erfüllen sind. Das ist z. B. bei der Kontokorrentbuchführung der Fall. Hier wird häufig die gesamte Buchungsarbeit folgendermaßen gegliedert: Kontoführung für die Kunden mit den Anfangsbuchstaben A—E, F—K, L—Qu und R—Z.

Daneben kann das Objektprinzip als

Artteilungsprinzip auftreten. Das ist jedesmal dann der Fall, wenn ein allgemein gekennzeichnetes Objekt in die es umschließenden spe-

---

[28]) Diese Prinzipien erwähnen: Calmes: Fabrikbetrieb. S. 30; Walb: Die Organisation der Unternehmung und des Betriebes. S. 161; Nordsieck: Die Betriebsaufgaben und ihre Gliederung. (Die Betriebswirtschaft. Jahrg. 1931, S. 161); Kosiol: Organisation und Betriebswirtschaft. (Die Betriebswirtschaft. Jahrg. 1934, S. 81).

zielleren zergliedert wird. Es wird z. B. die Aufgabe „Ware produzieren" aufgeteilt in folgende drei: Maschinenproduktion Kunstseidenproduktion und Getreideproduktion.

Daß hier drei verschiedene Funktionen vorliegen, bedarf keiner weiteren Erörterung.

Zwischen dem Funktionen- und dem Objektprinzip besteht nun folgender Zusammenhang: Je allgemeiner das Objekt einer Aufgabe gekennzeichnet ist, um so begrenzter ist die Möglichkeit für eine Funktionengliederung und je allgemeiner die Funktion bezeichnet wird, um so weitgehender ist eine Objektgliederung durchführbar. Und die Umkehrung von diesem Satz: Je genauer das Objekt angegeben ist, um so weitgehender ist die Funktionengliederung möglich, während die Objektgliederungsmöglichkeit in dem Maße abnimmt, als die Funktion genauer gekennzeichnet wird. Wie erklärt sich dieser Zusammenhang?

Da die gleiche Funktion streng genommen niemals an verschieden gearteten Objekten ausgeführt werden kann, sondern stets an eine ganz bestimmte Objektart gebunden ist,[29]) so muß ein bestimmter Funktionenbegriff inhaltlich immer ärmer werden, wenn die Zahl verschiedenartiger Objekte, auf die er bezogen wird, zunimmt. Denn derselbe Funktionenbegriff kann nur so die verschiedenen Objekte decken, indem sein Inhalt auf jene Merkmale beschränkt wird, die bei der Funktionserfüllung an jedem einzelnen der verschiedenen Objekte in gleicher Weise auftreten. Es werden also alle Merkmale, die für die Funktionenerfüllung an jedem einzelnen Objekt charakteristisch sind, vernachlässigt. Notwendig müssen um so mehr vernachlässigt werden, je größer die Artunterschiede der durch den gleichen Funktionenbegriff gedeckten Objekte sind. Die Zahl der gemeinsamen Merkmale sinkt in gleichem Maße. Ein allgemeiner Objektbegriff, d. h. ein solcher, der eine Vielzahl verschiedener Einzelobjekte zusammenfaßt, kann demnach nur in beschränktem Umfange nach Funktionen untergliedert werden. Die Gliederungsmöglichkeit erschöpft sich durch die Aufzählung der wenigen allen gemeinsamen Merkmale. Darüber hinaus kann die Funktionengliederung erst fortgesetzt werden, wenn der Objektbegriff eingeengt wird, d. h. jene Objektgruppen ausgeschieden werden, die die wenigsten Gemeinsamkeiten mit den anderen bei der Funktionserfüllung aufweisen. Je mehr der Objektbegriff eingeengt wird, um so genauer läßt sich die Funktion, die auf das Objekt bezogen wird, analysieren. Am exaktesten ist es möglich, wenn Einzelobjekte gegeben sind.

[29]) erinnert sei nochmals an die Gliederung der Aufgabe „Ware produzieren". Was dort ganz kraß hervortrat, gilt im Prinzip allgemein; nur der Gegensatz wird häufig nicht so deutlich.

Der gleiche Zusammenhang erklärt auch, warum die Objektgliederung vom Inhalt der Funktionsbegriffe abhängt. Demnach werden gewöhnlich Objekt- und Funktionenprinzip bei der Analyse der Betriebsaufgabe abwechselnd gebraucht.

6. Grob- und Feingliederung.

Mittels der erwähnten Gliederungsprinzipien wird die allgemein gekennzeichnete Betriebsaufgabe analysiert. So wird eine Stufe des Funktionenbaus nach der anderen bloßgelegt, so daß der Weg, der zum Ziele führt, immer schärfer hervortritt. Die Analyse geschieht aus praktischen Gründen in zwei Etappen:

a) eine Grobgliederung. Durch sie werden die wesentlichen Teilziele herausgeschält, über die die Lösung der Gesamtaufgabe erfolgt. Diese Grobgliederung geschieht, da ja der richtige Lösungsweg im Voraus nicht feststeht, sondern durch den Organisator erst gefunden werden soll, nach sachlich-logischen Gesichtspunkten. Sie bietet ein Bild, das mit der in Betrieben üblichen Gliederung wenig gemein hat. Das ist nur natürlich, denn diese sachlich-logische Gliederung ist ja nur eine Etappe der Organisation. Sie bildet die Grundlage für die Abteilungsbildung, die nach organisatorischen, d. h. Zweckmäßigkeitsgesichtspunkten vorgenommen wird. Erst die auf der sachlich-logischen Gliederung aufbauende Abteilungsbildung gibt dem Betrieb die praktisch brauchbare Gestalt.

Jedes Teilziel verdeckt einen Arbeitsablauf. Er kann erst in seiner endgültigen Form offengelegt werden, nachdem die Abteilungsgliederung vollzogen ist. So schließt sich an die Grobgliederung

b) eine Feingliederung an. Sie ist das Ergebnis einer Analyse der Abteilungsinhalte und führt zu einer klaren Erkenntnis des notwendigen Personal- und Mitteleinsatzes.

IV. Die Durchführung der Analyse.

1. Die Kernfunktionen: Beschaffung, Produktion, Vertrieb.

Die Betriebsaufgabe läßt sich zunächst in die drei Kernfunktionen

Beschaffung — Produktion — Vertrieb [30])

aufgliedern. Sie haben den Vorzug, für alle Wirtschaftsbetriebe einheitlich zu gelten. Die Allgemeingültigkeit der Beschaffungs- und Vertriebs-

---

[30]) Diese Funktionen hebt auch Schäfer (in einem Aufsatz in der Zeitschrift „Die Betriebswirtschaft" Jahrg. 1932, S. 229 ff. „Versuch einer Gesamtsystematik der kaufmännischen Betriebswirtschaftslehre") hervor. Er bezeichnet sie als betriebliche Grund- oder Hauptfunktionen. Als vierte fügt er noch die Finanzierung hinzu. Dabei ist er sich im Klaren darüber, daß sich

funktion ergibt sich ohne weiteres aus der Tatsache, daß ein jeder Betrieb mit dem Markt verflochten ist. Es können jedoch Bedenken auftauchen, ob die Produktionsfunktion allgemeingültig sei. Denn es erscheint zweifelhaft, ob man bei Handels-, Verkehrs- oder Dienstleistungsbetrieben von Produktion sprechen könne. Diese Bedenken ergeben sich aus einer technisch orientierten Auffassung der Produktion. Der Begriff kann aber in der Weise verallgemeinert werden, daß man ihn von allen technischen Erscheinungsformen loslöst und ihm nur das wirtschaftliche Moment der Werterzeugung anhaften läßt. Dann ist auch die Verkehrsleistung einer Eisenbahn oder Reederei, die Verteilerleistung des Handels oder die Dienstleistung von Gaststätten, Theater- oder Konzertbetrieben usw. Produktion.

Während sich der Inhalt der Produktionsfunktion nicht näher umreißen läßt, weil er eine große Zahl sehr unterschiedlicher Produktionsprozesse umschließt, können Beschaffung und Vertrieb noch etwas weiter analysiert werden, ohne daß darunter die Allgemeingültigkeit der Feststellungen litte. Gegliedert wird in beiden Fällen nach Objekten. Die Beschaffung läßt sich danach unterteilen:

a) Beschaffung von Geldkapital.[31]) Es handelt sich hier um eine meist gelegentlich auftretende Funktion; z. B. bei einer Betriebserweite-

---

diese Koordinierung logisch nicht ohne weiteres rechtfertigt. Er räumt deshalb der Finanzierung in seinem System eine Sonderstellung ein.

Die Finanzfunktion erklärt sich ausschließlich aus der Marktorganisation. Daraus folgt, daß Finanzierungsvorgänge nur für die marktverbindenden Funktionen Beschaffung und Vertrieb Bedeutung haben. Deshalb wird hier die Finanzierung als der Beschaffung einerseits und dem Vertrieb anderseits logisch untergeordnete Funktion betrachtet. —

Auch Thoms (Betriebsverwaltung, S. 35) gliedert die betrieblichen Funktionen. Er stellt neben die drei oben genannten noch als sog. „Zwischenleistungen" Lagerung und Transport. Auch das wird hier abgelehnt: Lagerung und Transport sind im Verhältnis zu den drei Kernfunktionen Funktionen niederer Stufe. Sie müssen also ihnen untergeordnet sein, nicht nebengeordnet. Man kennt Rohstoff-, Teile- und Fertiglager. Daraus geht schon ihre Eingruppierung unter die Kernfunktionen hervor. Ferner: zu Transportakten kommt es nicht nur bei den Beziehungen zwischen den drei Kernfunktionen, sondern noch häufiger innerhalb einer jeden von ihnen. Es sei in diesem Zusammenhang nur an das Transportproblem in der Werkstatt erinnert. Verselbständigt man also diese Funktionen unterer Stufe, um sie neben die Kernfunktionen zu stellen, so wird die Stufenzugehörigkeit der einzelnen Funktionen verwischt und ein klarer Einblick in den Funktionenbau einer Aufgabe unmöglich.

[31]) Die Anschaffungen bei der Gründung eines Betriebes rechnen nicht hierzu. Denn sie sind vor dem Aufbau des Betriebes nötig; der fertige Betrieb hat damit nichts zu tun.

rung, Sanierung; zur Absatzfinanzierung oder bei angespannter Liquidität. Laufend tritt die Geldbeschaffung bei Kreditinstituten auf.

b) Anschaffung von Sachen.[32])

aa) gelegentlich bei Geschäftsausweitungen oder Ersatzbeschaffung,

bb) laufend, wenn es sich um den Einkauf von Roh- und Hilfsstoffen handelt. Für viele Betriebe ist das die wichtigste Beschaffungsfunktion.

c) Einstellung von Personal. Das ist nur gelegentlich erforderlich, nämlich entweder, wenn es sich um Betriebsvergrößerung handelt, oder im Falle eines Personalwechsels.

Der Vertrieb läßt sich folgendermaßen gliedern:

a) laufender Vertrieb der Betriebsleistung. Das ist die wichtigste Vertriebsfunktion. Die anderen verblassen daneben:

b) gelegentlicher Vertrieb von Betriebsvermögen, und zwar:

aa) Sachen, z. B. abgenützte Maschinen zur Verschrottung oder überflüssige Anlagen,

bb) Geld, z. B. Ausleihungen.

Die weitere Analyse ist individuell. Um sie durchzuführen, müßten zumindest ähnliche Betriebe zu Typen zusammengefaßt werden. Damit würde die Problematik der Betriebstypologie aufgeworfen werden. Das würde hier von den zu behandelnden Fragen zu weit fortführen.

Es sei nochmals betont, daß auf jedem Schritt, der in der Analyse vorwärts getan wird, das Problem des richtigen Weges zur Lösung des gerade vorliegenden Teilziels auftaucht und gelöst werden muß, wenn die Analyse praktischen Sinn haben soll. Will man z. B. die Vertriebsfunktion eines industriellen Betriebes weiter aufgliedern, so muß vorher entschieden werden, welcher Absatzweg zur Anwendung gelangen soll:

Eigenvertrieb? a) durch Kommissionäre,
b) Agenten,
c) Reisende,
d) eigene Verkaufsfilialen oder
f) als Versandgeschäft?

Vertrieb durch den Handel?
a) durch den Großhandel oder
b) den Einzelhandel?

---

[32]) zunächst gilt das Gleiche, was in Anmerkung 31 gesagt ist. Daneben ist folgendes zu beachten: wenn von laufendem und gelegentlichem Auftreten der Funktionen gesprochen wird, so ist dadurch gleichzeitig der Zyklus der betr. Funktionen gekennzeichnet.

Jeder dieser Wege löst eine andere Funktionenkombination aus, so daß die Analyse ein verschiedenes Bild bietet, je nachdem, welchen Absatzweg man für den zweckmäßigsten hält.

Auch auf den unteren Stufen des Funktionenbaus bleibt die Problematik unverändert. Sind z. B. Schreibarbeiten zu erledigen, so stehen folgende Wege zur Wahl:

a) schreiben mittels Bleistift,
b) mit Tinte und Feder,
c) mit der Schreibmaschine;
d) man diktiert einer Stenotypistin, die ihrerseits schreibt;
e) man spricht den Inhalt des zu Schreibenden in eine Diktiermaschine; die Stenotypistin hört das Aufgenommene ab und schreibt danach.
f) Man diktiert durch eine Diktierleitung. Die Stenotypistin, die vom Diktierenden räumlich getrennt sitzt, hört mit dem Kopfhörer das Diktat und schreibt danach.

Es könnten noch zahlreiche andere Beispiele aufgeführt werden, um die Bedeutung dieses Wahlproblems zu beleuchten.

2. Verwaltung.

Die betrieblichen Kernfunktionen bilden den Ausgangspunkt jeder Organisation. Ohne sie ist die Erreichung des Betriebsziels undenkbar. Sie sind eine logische Notwendigkeit.

Daneben erlangen für die Aufgabenlösung noch Zusatzfunktionen Bedeutung. Als erste ist die Verwaltung zu nennen. Sie ist zwar nicht, wie die Kernfunktionen, logisch notwendig. Sie ist nur zweckmäßig, damit aber eine organisatorische Notwendigkeit. Sie erklärt sich daraus, daß die Aufgabenlösung durch Menschen und Sachdinge Risiken in sich birgt. Diese erklären sich beim Menschen aus seiner psychologischen und physiologischen Natur. Sie beeinflussen Arbeitstempo und Arbeitsgüte.[33]) Bei den Sachen sind sie physikalisch oder chemisch begründet und äußern sich in fehlerhaftem Material, Maschinenbruch, Kraftzuleitungsstörungen bzw. Verrosten von Stahl und Eisen oder Verderbnis organischer Stoffe.

Worin besteht das Wesen der Verwaltungsfunktion? Sie hat auf die die Lösung der Betriebsaufgabe bedrohenden Risikofaktoren aktiv einzuwirken, um ihre Wucht zu mindern. Risikoumhegung ist ihr ein-

---

[33]) Diese Zusammenhänge sind in neuerer Zeit gründlich untersucht worden. Es handelt sich hier um ein spezifisches Gebiet der Arbeitswissenschaften. Es kann hier auf Einzelheiten nicht näher eingegangen werden; es muß auf die recht umfangreiche Spezialliteratur verwiesen werden.

ziger und Hauptzweck. Die Verwaltung pflegt die für den Betriebszweck zusammengefaßten Menschen und Sachen [34]) und sorgt für sie.

Es handelt sich also in erster Linie um vorbeugende Maßnahmen. Es rechnen zur Verwaltung unter Umständen auch solche, die dazu dienen, eingetretene Schäden zu beseitigen: d. h. die Durchführung von Instandsetzungsarbeiten. Das ist aber nur der Fall, wenn der Betrieb eigene Reparaturwerkstätten einrichtet.

Objekte der Verwaltung sind also:

1. die im Betriebe tätigen Menschen (Personalverwaltung),
2. die im Betrieb zusammengefaßten Sachen (Sachverwaltung).

Zur Personalverwaltung gehört:

a) Die Durchführung von Eignungsprüfungen bei der Einstellung neuer Mitarbeiter. Sie hat nicht nur eine fachliche, sondern auch eine charakterliche zu sein. Der zweite Gesichtspunkt wird zu wenig beachtet, obwohl von ihm die Sicherung der Betriebsgemeinschaft abhängt.
b) Erziehung und Ausbildung der Betriebszugehörigen. Sie hat wiederum fachlich und charakterlich zu geschehen.
c) Hebung des Selbstbewußtseins der Arbeitenden und damit Förderung der Arbeitsfreude. Unter diesem Gesichtspunkt verdienen besondere Beachtung:
   aa) das Problem der Menschenbehandlung,
   bb) das Lohnproblem,
   cc) die Urlaubsregelung,
   dd) die Aufstiegsmöglichkeiten und schließlich
   ee) die Wohlfahrtsangelegenheiten.

Zur Sachverwaltung gehört:

a) die Verwaltung der Vorräte. Sie erfaßt Rohstoffe, Hilfsstoffe für Werkstatt und Büro; Halbfabrikate und fertige Erzeugnisse, Geld und Effekten.
b) die Verwaltung der Werkzeuge und Maschinen;
c) die Verwaltung der Arbeitsräume und des Inventars;
d) die Verwaltung der Grundstücke.

3. Leitung.

Jede Aufgabenlösung geschieht in zwei Phasen: zunächst wird die Lösung geplant, danach wird das Geplante durchgeführt.

---

[34]) Der Verwaltungsbegriff wird auf die Pflege der innerbetrieblichen Risikofaktoren beschränkt. Logisch gehörte auch die Pflege der außerbetrieblichen Risikofaktoren dazu, d. h. die Marktbeeinflussung. Diese Funktion steht aber mit der Verkaufstätigkeit in so engem Zusammenhang, daß sie hier ausgeschieden wird.

Die wesentliche Aufgabe des Organisators ist die Planung. Sie erfolgt niemals restlos, d. h. bis in die letzten Einzelheiten (Elementarfunktionen). Denn eine solche Totalorganisation würde zu einem völlig starren Betriebe führen. Das ist ein unmögliches Ergebnis. Denn

a) ist das Betriebsziel niemals eindeutig erfaßbar und
b) ebensowenig die Leistung der für die Aufgabenlösung nötigen Menschen und Hilfsmittel. Das wurde an anderer Stelle schon erklärt.

So muß der Organisator einen elastischen Betrieb schaffen, der fähig ist, aus sich heraus sich den Veränderungen der Innen- und Außenverhältnisse anzupassen. Die Elastizität muß in dem Maße steigen, als die Ungewißheiten über für den Betrieb belangreiche Faktoren zunehmen.

Um diese Beweglichkeit zu sichern, darf der zur Aufgabenlösung nötige Arbeitsablauf nicht in allen, sondern stets nur in einzelnen Phasen geregelt werden. In welchem Maße dies geschieht, hängt wesentlich von der Natur der Betriebsaufgabe ab. Die Organisierbarkeit des Arbeitsablaufs ist also individuell.

Sowie man die Totalorganisation verwirft, muß notwendig eine zweite Zusatzfunktion hinzutreten: die Leitung. Sie ist vorwiegend organisatorischer Natur. Ihr Wesen besteht

a) in der laufenden Ergänzung des Organisierten in den Phasen, die ungeregelt geblieben sind. So wird der Zusammenhang zwischen den einzelnen organisierten Teilen hergestellt. Dies laufende Eingreifen in das Betriebsgefüge geschieht durch Disposition. Je ungewisser das Betriebsziel ist, um so weniger ist der Arbeitsablauf im Voraus regelbar, um so umfangreicher ist demnach der Bereich der Disposition. Dieser Zusammenhang ist von großer Bedeutung. Er ist die Ursache dafür, daß in einzelnen Betrieben nur
Leistungsmengen, in anderen darüber hinaus
Leistungszeitpunkte und schließlich
Leistungsarten und
Leistungswege ... disponiert werden müssen.

Das Wesen der Leitung besteht

b) in der Verbesserung der vorliegenden Organisation. Zu diesem Zweck werden neue Lösungsmethoden ausgewählt, geprüft und evtl. eingeführt, was zu partiellen oder grundlegenden organisatorischen Aenderungen führt. Im letzteren Falle spricht man von Reorganisation.

Die unter b) aufgeführten Funktionen werden allgemein als typisch organisatorische anerkannt. Das Gleiche kann man von den Dispositionen nicht behaupten. Sie werden vielmehr als etwas von der Organisationsfunktion durchaus verschiedenes angesehen.[35])

Diese grundsätzlichen Unterschiede bestehen indessen nicht. Beides sind Funktionen mit organisatorischem Charakter. Organisation trifft langdauernde Regelungen, durch die der Rahmen für die Leistungserstellung geschaffen oder ein vorhandener geändert und verbessert wird. Disposition trifft kurzfristige Regelungen, die den Sinn haben, den organisatorischen Rahmen, in dem die Lösung einer Aufgabe geschieht, laufend zu ergänzen. Durch Disposition wird das bestimmt, was durch Organisation noch nicht geregelt ist.

Allerdings, Leitung geht zum Teil über das rein Organisatorische hinaus. Durch sie wird, wenn es nötig ist, die Betriebsaufgabe selbst verändert. Wenn sich zum Beispiel in einem Betriebe die Absatzverhältnisse derart verändern, daß die Betriebskapizität zur Deckung des Bedarfs zu groß ist, so wäre vom organisatorischen Standpunkt die Betriebsapparatur so umzugestalten, daß sie der verminderten Absatzmenge wieder entspricht. Oft genug beschränkt sich auch betriebliche Leitung hieraus. Häufig wird aber auch in einem solchen Falle nach neuen Produktionsmöglichkeiten gesucht, um die vorhandene ungenutzte Kapazität wieder zu verwerten. Nimmt also ein Betrieb dann die Produktion eines neuen Artikels, einer neuen Fabrikategruppe auf, so bedeutet das eine Aenderung der Betriebsaufgabe. Das gehört nicht mehr zum Wesen der Organisation; es geht darüber hinaus. Es handelt sich dann um rein wirtschaftliche Maßnahmen, die dem Streben entspringen, vorhandene Mittel bestmöglichst zu verwenden. Es ist, um mit von Gottl zu sprechen, Zweckwahl für gegebene Mittel.

Leitung ist also mehr als Organisation. Es ist die Funktion im Betriebe, die auch sichert, daß die Betriebsaufgabe stets volkswirtschaftlich sinnvoll ist. Trotzdem, dies Moment reicht nicht aus, um Disposition im Gegensatz zur Organisation zu stellen. Dazu ist das beiden Funktionen Gemeinsame zu wichtig.

Um durch Leitung das betriebliche Leben zu gestalten, müssen tatsächliche oder anscheinend zu erwartende Veränderungen der Betriebsfaktoren festgestellt werden. Das macht deren stete **Ueberwachung** notwendig.[36]) Es müssen also beobachtet werden:

---

[35]) Sheldon: The philosophy of management. S. 10/16. Mahlberg: Der Betriebsbegriff und das System der Betriebswirtschaftslehre. S. 7 und 55. Thoms: Betriebsverwaltung. S. 7; er gibt allerdings zu, daß die Grenzen sehr flüssig sind.

[36]) Das Wesen der Ueberwachung besteht in dem Feststellen von Differenzen zwischen Soll und Ist.

a) als außerbetriebliche Risikoquelle: die Marktlage;[37])
   aa) Bedarfsentwicklung,
   bb) Entwicklung der Konkurrenz.
b) als innerbetriebliche Risikoquellen:
   aa) die im Betrieb zusammengefaßten Menschen hinsichtlich Leistung, Pünktlichkeit, Anwesenheit, Krankheit, Urlaub etc.
   bb) die zur Aufgabenlösung benötigten Sachdinge, also Gebäude, Inventar, Maschinen, Werkzeuge etc. Die Beobachtung erstreckt sich auf Zustand, Abnutzung und Betriebsbrauchbarkeit.

Auf der Ueberwachung beruht die Initiativfunktion. Initiative ist die selbständige Anregung zur Ausführung einer Arbeit. Sie sichert, daß der zu schaffende Betrieb sich in seiner Arbeit den festgestellten Veränderungen der Betriebsfaktoren anpaßt. Die Initiative bewirkt Zielsetzungen. Damit allein ist es nicht getan. Hinzu kommt die Planfunktion. Ihr Inhalt ist Ueberlegung, auf welchem Wege das gesetzte Ziel erreicht werden kann. Es handelt sich also hier um die gleiche Frage, die der außerhalb des Betriebes stehende Organisator zu lösen hat. Damit das Geplante schließlich verwirklicht wird, bedarf es zumindest eines Willensimpulses. Regelmäßig genügt dieser seelische Vorgang nicht, weil die Arbeitserledigung auf mehrere Personen verteilt werden muß. Dann muß der Willensakt nach außen hin zum Ausdruck kommen. Das geschieht durch Anordnung.

Die Güte der Leitung hängt weitgehend von der Gründlichkeit der Beobachtungen sowie von der Sorgfalt der Planung ab. Neuzeitliche Leitung ist deshalb durch systematische Ueberwachung und Planung gekennzeichnet. Die Tendenz ist dabei, auf immer längere Sicht im Voraus sich anbahnende Veränderungen der für den Betrieb wichtigen Faktoren zu erkennen, um die Zuverlässigkeit und Vollkommenheit der Leitung zu erhöhen.

Schema:

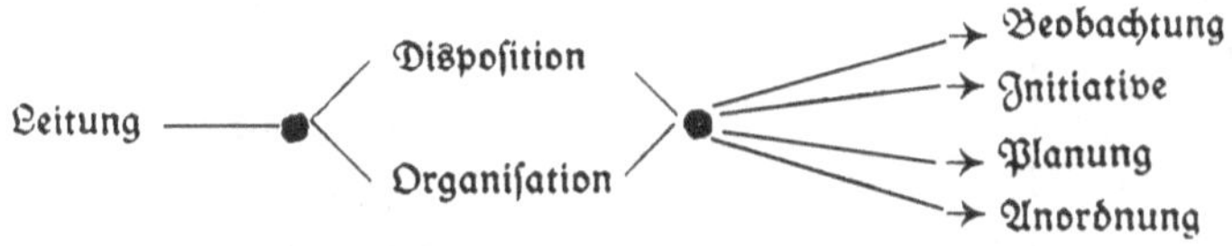

4. Der Zusammenhang zwischen den drei Funktionenkategorien.

Der Zusammenhang zwischen den hier in den Vordergrund geschobenen drei Funktionenkategorien ist ein sehr enger.

---

[37]) Die Fragen der Marktanalyse und Marktbeobachtung sowie der Konjunkturforschung erlangen in diesem Zusammenhang Bedeutung.

Die überragende Bedeutung haben die Kernfunktionen als die unmittelbar für die Aufgabenlösung nötigen. Von ihnen lassen sich die Zusatzfunktionen ableiten. Zunächst die Verwaltung. Sie richtet sich primär nach Zahl und Art der für die Erledigung der Kernfunktionen eingesetzten Menschen und Dinge, die ja für sie Arbeitsobjekte sind. Darüber hinaus obliegt der Verwaltung die Verwaltung der für die Zwecke der Verwaltung eingesetzten Menschen und Sachen.

Aehnlich verhält es sich mit der Leitung. Sie hängt, wie schon gesagt wurde, wesentlich von der Organisierbarkeit der Kernfunktionen ab. Daneben noch, ergänzend, von der Regelbarkeit der Verwaltung.

Auch die Leitung wird verwaltet. Der Umfang der Leitungsfunktionen beeinflußt somit die Verwaltung und rückwirkend sich selbst. Zusammenfassend kann also der Zusammenhang zwischen den drei Funktionenkategorien folgendermaßen gekennzeichnet werden: Die Kernfunktionen werden unmittelbar durch die Betriebsaufgabe bestimmt. Leitung und Verwaltung sind primär von den Kernfunktionen abhängig; sekundär werden sie durch die zwischen beiden bestehenden Wechselbeziehungen beeinflußt.

5. Kritik.

Es ergibt sich also für dieAufgabengliederung folgendes Schema:

- **Betriebs-Aufgabe**
  - Kern-Funktionen
    - Beschaffung
      - Geld
      - Sachen
      - Personal
    - Produktion
      - die weitere Gliederung ist individuell
    - Vertrieb
      - Betriebsleistung
      - dem Betriebsvermögen entnommene Sachen
      - dem Betriebsvermögen entnommenes Geld
  - Zusatz-Funktionen
    - Verwaltung
      - Personal
      - Sachen
    - Leitung
      - Disposition
      - Organisation

Die weitere Gliederung könnte nach dem Funktionen- oder Objektprinzip durchgeführt werden.

Die Scheidung zwischen Kern- und Zusatzfunktionen, die hier durchgeführt wurde, ist schon von Walb angestrebt worden.[38]) Sie bleibt bei ihm dadurch unzureichend, daß er sich nicht völlig von der organisatorischen Verteilung der Funktionen frei macht. So bleibt seine Unterscheidung abteilungsgebunden. Er spricht von Abteilungen mit Betriebscharakter und solchen mit Verwaltungscharakter. Da aber in einer Abteilung oft Kern- und Zusatzfunktionen zusammengefaßt sind, ist die Unterscheidung von Abteilungen mit verschiedenem Charakter nicht exakt genug. Trotzdem, in den wesentlichen Zügen ist sie richtig. Deshalb bildet sie auch die Grundlage für die Nordsieck'sche Aufgabengliederung.[39]) Für sie gilt das eben Gesagte in nicht so strengem Maße. Auch seine Gliederung ist noch an den Aufgabenkreisen der einzelnen Betriebsabteilungen orientiert, so daß die Grenzziehung zwischen Kern- und Zusatzfunktionen[40]) bei ihm anders sein muß, als sie hier vorgenommen ist. Da z. B. aus Zweckmäßigkeitsgründen die Kernfunktion Personalbeschaffung mit der Personalverwaltung verkoppelt wird und analog die Beschaffung der Arbeitshilfsmittel mit der Sachverwaltung, so schließt Nordsieck daraus, daß die erwähnten Beschaffungsfunktionen nicht Kernfunktionen sondern Zusatzfunktionen sind. Das ist nicht richtig, denn es wurde hier nachgewiesen, daß diese Funktionen logisch zu den Kernfunktionen gehören. Daran ändert ihre organisatorische Zusammenfassung mit anderen, nämlich Zusatzfunktionen, gar nichts. Es fehlt ferner bei Nordsieck eine scharfe Scheidung der Zusatzfunktionen in Verwaltung und Leitung. Sie ist nur angedeutet durch die Gliederung der Verwaltung in:

a) Verwaltung des Betriebes als Arbeitseinheit und
b) Verwaltung der Betriebsfaktorengruppen.

Das zuletzt Genannte entspricht — mit den bereits erwähnten Vorbehalten — der Zusatzfunktion Verwaltung.

Unter Verwaltung des Betriebes als Arbeitseinheit versteht Nordsieck Organisation und Rechnungswesen. Hier kommt ganz deutlich zum Ausdruck, wie eng auch Nordsieck seine Aufgabengliederung an der in Betrieben bestimmter Größe wiederholt anzutreffenden Abteilungsgliederung orientiert hat. Denn anders ist diese Nebeneinanderordnung nicht zu verstehen. Eine solche Abteilungsgliederung kann aber nicht als

---

[38]) Walb: Die Organisation der Unternehmung und des Betriebes. S. 26/27.

[39]) Nordsieck: Schaubilder, S. 14/15. In seinen „Grundlagen" hat er die gleiche Aufgabengliederung; S. 79.

[40]) Nordsieck spricht von unmittelbaren Zweckaufgaben und Verwaltungsaufgaben.

logische Aufgabengliederung hingestellt werden. Es kann nicht oft genug betont werden: die Abteilungsgliederung ergibt sich erst im Laufe der Organisation eines Betriebes und setzt ein klares Erfassen aller logisch nötigen Funktionenkategorien voraus. Wenn man glaubt, eine verschiedentlich angewandte Abteilungsgliederung als Grundlage für die Organisation einer jeden Aufgabenlösung zu verwenden, so besteht die Gefahr des Schematismus.

Schließlich muß Thoms [41]) noch erwähnt werden, der gleichfalls eine Systematik der betrieblichen Funktionen gibt. Er unterscheidet zwischen primären und sekundären Leistungen. Diese Zweiteilung entspricht im wesentlichen der hier vorgenommenen Scheidung von Kern- und Zusatzfunktionen. Thoms bemüht sich ferner um eine Gliederung der sekundären Leistungen in Organisation, Leitung und Verwaltung.

Die Abgrenzung der Organisation gelingt ihm verhältnismäßig leicht. Da er aber seine Gliederung ebenfalls an f e r t i g organisierten Betrieben orientiert, so kann er sich nicht genügend von der abteilungsmäßigen Zusammenfassung der Funktionen frei machen, um zu einer klaren Scheidung von Leitung und Verwaltung zu gelangen. Thoms meint, Leitung sei der „zentrale Betriebswille“,[42]) sei „oberste Dispositions- und Ueberwachungsstelle“.[43]) Verwaltung habe demgegenüber den Ablauf aller Leistungen zu betreuen und zu sichern.[44]) Dazu gehöre Leistungsvorbereitung, Auftragserteilung und Kontrolle.

Es sind also gerade Funktionen als Verwaltung gekennzeichnet, die hier als Gliedfunktionen der Leitung erkannt wurden. Thoms scheint das Unzureichende seiner Grenzziehung zu empfinden, wenn er auf die besonderen Schwierigkeiten der erstrebten Klärung hinweist und zugibt, daß man Verwaltung auch als Fortsetzung der Leitungstätigkeit auffassen könne.[45])

Man muß fragen, warum nur „die oberste Dispositions- und Ueberwachungsstelle“ als Leitung angesprochen werde, nicht auch andere Betriebsstellen, die gleiche Funktionen erfüllen, wenn auch in engerem Rahmen; dieser Rahmen — lediglich eine Größenfrage — kann aber niemals einer Funktion das Gepräge geben, vielmehr muß stets die Be-

---

[41]) Betriebsverwaltung. S. 2.

[42]) Betriebsverwaltung. S. 5; Thoms stützt seine Formulierung auf Mahlberg: Der Betriebsbegriff ... S. 7.

[43]) Betriebsverwaltung. S. 5; Thoms zitiert Rößle: Einführung in die Industriebetriebslehre. (Leipzig 1931) S. 59/60.

[44]) Betriebsverwaltung. S. 6.

[45]) Betriebsverwaltung. S. 9.

ziehung einer Funktion zu anderen und zur Betriebsaufgabe, die Zweckbestimmung also, entscheidend sein.

Eine eindeutige Scheidung der betrieblichen Funktionen in grundlegende Funktionenkategorien, zu denen Leitung und Verwaltung zweifellos gehören, ist nur möglich, wenn der übliche Standpunkt, d. i. derjenige, der sich an fertig organisierten Betrieben orientiert, aufgegeben wird, um durch den organisatorischen Standpunkt ersetzt zu werden, durch denjenigen also, der zunächst nur das Ziel sieht und überlegt, wie das Ziel erreicht werden kann. So ergibt sich die hier vorgelegte logische Gliederung.

Sie führt zu einer von der üblichen abweichenden Grenzziehung, vermeidet dadurch aber die bisherigen Unklarheiten. Die Brücke von der hier gegebenen Gliederung zu den anderen, bisher gewohnten, kann erst geschlagen werden, nachdem Näheres über die organisatorische Zusammenfassung der Funktionen gesagt ist. Dann wird hier angeknüpft. —

V. Die räumliche Verteilung der Funktionen: Standortsfragen.

1. Allgemeines.

Nachdem durch die Analyse der Betriebsaufgabe über die zur Aufgabenlösung nötigen Funktionen in großen Zügen Klarheit geschaffen ist, kann an die Funktionenverteilung herangegangen werden.

Das Problem der Funktionenverteilung hat zwei Seiten, die eng miteinander in Beziehung stehen:

a) die Verteilung im Raume (wo soll eine Funktion erledigt werden) und

b) die Verteilung auf Personen (wer soll eine Funktion erfüllen).

Das Problem der räumlichen Verteilung oder des Standorts muß zunächst soweit geklärt werden, als zum Verständnis der daraus für die persönliche Verteilung zu ziehenden Folgerungen nötig ist. Soweit dann durch die persönliche Verteilung das anfangs über den Standort Gesagte modifiziert wird, erfolgt in der Darstellung ein entsprechender Hinweis.[46])

2. Das volkswirtschaftliche Standortproblem.

Die räumliche Verteilung wirft zunächst das volkswirtschaftliche Standortsproblem auf. Wo wird der Betrieb, als Einheit gedacht, er-

---

[46]) der enge Zusammenhang zwischen räumlicher und persönlicher Funktionsverteilung wird von Nordsieck in seinen Arbeiten über die Organisation in unzulässiger Weise vernachlässigt.

richtet? Die hiermit zusammenhängenden Fragen sind grundlegend von v. Thünen und Alfred Weber [47]) untersucht und später durch Predöhl [47]) wertvoll ergänzt worden. Nach Predöhl ist die Standortsfrage ein Substitutionsproblem: Alle standortlich relevanten Faktoren sind gegeneinander solange zu substituieren, bis sich ein „Kostenminimalpunkt" ergibt. Das Wesen der Standortwahl liegt also in einem fortgesetzten Vergleich aller an jeden möglichen Standort geknüpften Kostenvorteile und Kostennachteile.

Theoretisch ist also ein Vergleich der Kostensituation unzählbar vieler möglicher Standorte erforderlich. Für praktische Zwecke muß dies Verfahren vergröbert werden: Zunächst muß man sich auf den Vergleich nur solcher Standorte beschränken, deren räumlich verschiedene Lage auch praktisch bedeutungsvoll ist. Darüber hinaus muß die Zahl der standortlich relevanten Faktoren reduziert werden. Dies kann an Hand der Kostenstenartenliste eines Betriebes geschehen. Man wägt ab, welches Gewicht den einzelnen Kostenarten in der Selbstkostenrechnung zukommt. Die Kostenarten von wesentlichem Einfluß sind für die Standortwahl unerläßlich; die weniger wichtigen können zu Gruppen zusammengefaßt oder gar vernachlässigt werden.

3. Die Fiktion des Betriebspunktes.

Die volkswirtschaftliche Standortslehre sucht den räumlich günstigsten Betriebspunkt. Das ist eine Fiktion. Der Betrieb braucht Raum, um seine Aufgabe zu lösen. Wie innerhalb des Betriebsraumes die zur Aufgabenlösung benötigten Menschen und Sachen zu verteilen sind, bleibt durch die volkswirtschaftliche Theorie unbeantwortet. Denn die allgemeine Standortslehre „führt nur bis zur äußeren Peripherie der Unternehmung".[48]) Mit dieser Feststellung scheint die Scheidung zwischen volkswirtschaftlichen und innerbetrieblichen Standortfragen eindeutig geklärt zu sein. Tatsächlich ist diese Grenzziehung jedoch sehr problematisch, denn diese „Peripherie" kann sehr verschieden sein, je nachdem, ob

---

[47]) Zuerst entwickelte v. Thünen eine agrarische Standortstheorie, dann Alfred Weber eine industrielle; Predöhl schließlich schafft eine allgemeine Theorie der örtlichen Verteilung, die alle speziellen Fälle umschließt. vergl. im übrigen:

v. Thünen: Der isolierte Staat in Beziehung auf Landwirtschaft und Nationalökonomie; 1. Auflage 1842, 2. Auflage 1921.

Weber: Ueber den Standort der Industrien; I. Teil: Reine Theorie des Standorts; 2. Auflage 1922.

Predöhl: Das Standortsproblem in der Wirtschaftstheorie; Weltwirtschaftliches Archiv Band 21; 1925 I, S. 294 ff.

[48]) Hundhausen: Innerbetriebliche Standortsfragen (Z. f. hw. F. 1926; S. 1 ff.) insbes. S. 10.

man die betriebliche Arbeitsverrichtung räumlich dicht zusammendrängt (raumzentral) oder weit auseinandergezogen (raumdezentral) vorsieht. Die Entscheidung hierüber hängt aber wesentlich von außerbetrieblichen Faktoren ab.[49])

Ob ein Betrieb räumlich zentral oder dezentral aufgebaut werden soll, läßt sich durch eine kleine Abwandlung des Predöhl'schen Substitutionsprinzips lösen: es müssen alle möglichen räumlichen Kombinationen der einzelnen Arbeitsprozesse miteinander verglichen werden, um die optimale Verbindung auswählen zu können.

4. Innerbetriebliche Standortsfragen.

Durch die abgewandelte Predöhl'sche Theorie kann schließlich das gesamte innerbetriebliche Standortsproblem gelöst werden. Die Abhandlung von Hundhausen[50]) kann dann als Erläuterung dieser Theorie gewertet werden. Sie bringt eine Zusammenstellung zahlreicher praktisch bedeutungsvoller den Standort beeinflussender Faktoren.

Der natürliche Ausgangspunkt für die innerbetriebliche Standortsbildung ist durch das Prinzip der (absolut) kurzen Wege gegeben. Denn es erscheint zunächst als das zweckmäßigste, wenn das für mehrere Funktionen gemeinsame Arbeitsobjekt[51]) möglichst wenig transportiert wird. Nur, wenn sich herausstellt, daß weniger kurze Wege billiger sind, wird von dem Grundprinzip abgewichen. Hundhausen erfaßt diese Sonderfälle durch

---

[49]) Dieser Zusammenhang bleibt bei Hundhausen unbeachtet.

[50]) Innerbetriebliche Standortsfragen, S. 1 ff.

[51]) Es handelt sich nicht notwendig um den Transport der Arbeitsobjekte. Ebensogut kann die Bewegung der einzelnen Arbeitsträger in Frage kommen, je nachdem, ob man sich entschlossen hat, dem Arbeitsträger oder dem Arbeitsobjekt einen festen Standort zu geben. Die Entscheidung hierüber ist eine Kalkulationsfrage: Solange die Bewegung der Arbeitsträger (= Person mit oder ohne Hilfsmittel) leichter und billiger ist, als die der Arbeitsobjekte, werden die Objekte einen festen Standort haben. Andernfalls erhalten die Arbeitsträger einen feststehenden Arbeitsplatz. Die moderne Arbeitsverrichtung erfolgt überwiegend an festen Standorten. Das hängt mit der zunehmenden Verwendung komplizierter z. T. umfangreicher maschineller Hilfsmittel zusammen. Aber auch heute gibt es zahlreiche Beispiele für die umgekehrte Situation: z. B. im Häuser-, Brücken- oder Schiffsbau; auch für die Maschinenmontage gilt das. Die obigen Ausführungen beschränken sich auf feststehende Arbeitsplätze, weil das für das Normale angesehen wird. Im übrigen haben die oben abgeleiteten Ergebnisse auch für den Fall, daß die Arbeitsobjekte einen festen Standort haben, Gültigkeit. Sie müssen nur sinngemäß abgewandelt werden.

a) das Prinzip der relativ kürzesten Wege,
b) das Prinzip des Gewichtsgefälles und
c) das Prinzip der schiefen Ebene.[52])

Neben den reinen Wegekosten sind noch andere Faktoren für die Standortwahl bestimmend; der größte Teil von ihnen wird durch Hundhausen[53]) in folgenden Prinzipien erfaßt:

d) Prinzip der größten Uebersicht und Kontrolle,
e) Prinzip der geringsten Benutzung,
f) Prinzip der gemeinsamen Benutzung,
g) Prinzip der besten Beleuchtung,
h) Prinzip der Risikoverteilung,
i) Prinzip der Raumfreiheit und schließlich
k) Prinzip der besten Durchlüftung.

Da jedes Hinwegsetzen über das standörtliche Grundprinzip eine Verlängerung des Transportweges für die Arbeitsobjekte bedeutet, so muß jedesmal gründlich geprüft werden, ob der durch die Vernachlässigung des Prinzips der kurzen Wege erstrebte Vorteil derart ist, daß er die aus der Wegverlängerung herrührenden Nachteile zumindest ausgleicht. Diese Nachteile bestehen in zweierlei:

a) erhöhte Transportkosten. Das erlangt vor allem für schwere Arbeitsobjekte Bedeutung, während es für Schriftstücke und dergleichen belanglos ist.
b) Zeitverlust. Dieses Moment kann gerade für Schriftstücke als Repräsentanten des Geistigen (Anordnungen u. ä.) wichtig sein!

Der hier entwickelte Zusammenhang ist von grundlegender Bedeutung. Er bildet die Grundlage jeder Zentralisation.[54])

5. Zentralisation.

Oft ist es zweckmäßig, aus verschiedenen Arbeitzyklen, von denen jeder unter dem Eindruck des Prinzips der kurzen Wege räumlich dicht zusammengedrängt erledigt wird, einzelne Funktionen herauszulösen, um sie räumlich zusammenzufassen (vergl. Skizze). Worin die Vorteile dieser Zentralisation im einzelnen bestehen, wird später noch aus-

---

[52]) Hundhausen: Innerbetriebliche Standortsfragen, S. 29.

[53]) Innerbetriebliche Standortsfragen, S. 34 ff. Wegen der Einzelheiten muß auf die Hundhausen'sche Darstellung verwiesen werden, denn die unter a—k aufgeführten Prinzipien haben für die hier aus der räumlichen Funktionsverteilung zu ziehenden Folgerungen geringe Bedeutung.

[54]) unverständlicherweise bleibt dieser Zusammenhang bei Hundhausen unberücksichtigt.

führlich dargestellt, wenn die Fragen der persönlichen Funktionenverteilung erörtert werden. Ohne hierauf jetzt näher einzugehen, lassen sich aus dem, was bisher über die innerbetriebliche Standortsfrage gesagt ist,

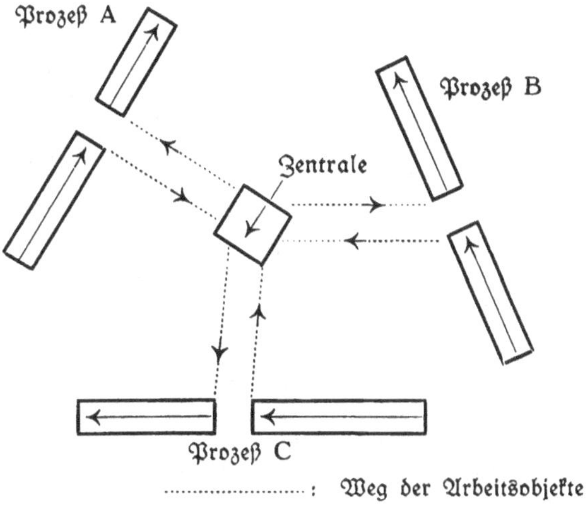

ganz allgemein folgende Grundsätze für die Beurteilung, welche Funktionen mehr und welche weniger zur Zentralisation geeignet sind, herausschälen:[55])

a) Je kostspieliger der Transport des Objektes ist, an das eine Funktion gebunden ist, um so weniger ist die betreffende Funktion zentralisierbar. Umgekehrt: je billiger der Transport ist, um so mehr ist die Funktion für die Zentralisation geeignet. Leicht zentralisieren lassen sich demnach vor allem Büroarbeiten, deren Objekte Schriftstücke u. ä. sind.

b) Je eiliger die Erledigung einer Funktion ist, um so weniger ist sie zur Zentralisation geeignet; und die Umkehrung dieses Satzes: je weniger die Funktionserfüllung eilt, um so leichter läßt sich die betreffende Funktion zentralisieren. Dieser Grundsatz erlangt besondere Bedeutung für Leitungsfunktionen. Innerhalb einer raumzentral gelegenen Fabrik können die Leitungsfunktionen weitgehend zusammengefaßt werden: die Verbindungswege zwischen den einzelnen Arbeitsstellen sind relativ kurz und damit wenig zeitraubend. In einem Konzern dagegen, dessen Gliedwerke räumlich weit auseinander liegen, ist

---

55) Die Grundsätze gelten ceteris paribus.

die Möglichkeit der Zentralisation von Leitungsfunktionen erheblich eingeschränkt. Den einzelnen Werken muß viel Selbständigkeit überlassen werden: alle schnell zu treffenden Entscheidungen bleiben dezentral verteilt. Zentralisiert werden außer grundlegenden Entscheidungen nur solche, die keine Eile haben. Der Grundsatz b) hat zwei Varianten:

aa) die Erledigung der zu zentralisierenden Funktionen ist zeitraubend. Es handelt sich zum Beispiel um die Generalreparatur einer Lokomotive.[56]) Hier gilt der Grundsatz weniger zwingend, weil die Möglichkeit besteht, durch beschleunigte Erledigung in der Zentrale den Zeitverlust aus der Wegverlängerung zu kompensieren.

bb) Die Erledigung der Funktionen beansprucht geringe Zeit, zum Beispiel, wenn eine Entscheidung zu treffen ist. Hier gilt der Grundsatz besonders streng.

c) Je weiter die Arbeitszyklen, aus denen einzelne Funktionen zum Zwecke der Zusammenfassung ausgegliedert werden sollen, räumlich auseinanderliegen, um so weniger läßt sich eine Zentralisation durchführen und umgekehrt. Dieser Satz ist mit den beiden vorangegangenen verwandt, aber nicht identisch. Er ergibt sich aus der Tatsache, daß die Wege zur Zentrale hin und wieder zurück länger werden, wodurch Kosten und Zeitverlust sich erhöhen.

d) Bilden die Funktionen, die zusammengefaßt werden sollen, den Anfang oder den Schluß der einzelnen Arbeitszyklen, denen sie zugehören, so begünstigt das die Zentralisation. Denn nun wirken sich die Nachteile der Wegverlängerung nur bei dem Hin- oder Herweg aus, während sie in allen anderen Fällen sich stets doppelt auswirken: sowohl auf dem Wege zur Zentrale hin, als auch wieder zurück nach dem Orte, an dem der Arbeitszyklus, aus dem die zentralisierte Funktion ausgegliedert ist, erledigt wird. Beispiele: die zentrale Bearbeitung des Posteingangs oder der Postexpedition; die zentrale Warenannahme und die Warenexpedition.

e) Je mehr die Erfüllung bestimmter Funktionen wertvolle Spezialhilfsmittel erfordert (Maschinen!), um so mehr sind die Funktionen zur Zentralisation geeignet, denn im Falle dezentraler Funktionserfüllung würden diese Hilfsmittel nicht genügend ausgenutzt werden können, so daß Leerlauf entstünde. Die Zusammenfassung verdichtet

---

[56]) Bei der Reichsbahn sind innerhalb der einzelnen Werkstättenbezirke Sonderarbeiten zentralisiert. (vergl. Petsch: Die Betriebsführung in den Reichsbahn-Ausbesserungswerken. Siegen 1932).

die Rhythmen der Funktionen und damit die Verwendungsmöglichkeit einer bestimmten Maschine.

Durch die vorstehenden Ausführungen sind die Fragen des Standorts soweit geklärt, als zum Verständnis der nun folgenden persönlichen Funktionenverteilung nötig ist.

VI. Die persönliche Funktionenverteilung: Der Instanzenbau.

1. Bedeutung.

Das Problem der persönlichen Funktionenverteilung entsteht erst, wenn zur Aufgabenlösung eine Personenmehrheit herangezogen werden muß. Funktionenverteilung bedeutet Trennung von Zusammenhängendem und zugleich Zusammenfassung der Teile zur Einheit.[57]) Denn niemals kann eine Aufgabe gelöst werden, wenn der Ganzheitsgedanke bei der Organisation verloren geht. Trennung und Zusammenfassung, Gliederung und Einung stehen wechselseitig miteinander in Beziehung.

Reichen für die Aufgabenlösung zwei oder drei Personen aus, so kann die einheitliche zielausgerichtete Funktionserfüllung aller drei durch verständige Zusammenarbeit unter ihnen erreicht werden, sofern sie gleichmäßig unmittelbares Interesse am gemeinsamen Ziel haben. Das kann z. B. bei einer offenen Handelsgesellschaft der Fall sein, deren gesamter Geschäftsbereich durch die Gesellschafter persönlich erledigt wird. Weil dieses Interesse nicht immer ausreichend vorhanden ist, sondern durch Sonderinteressen leicht überwuchert wird, ist diese Methode der Zusammenfassung oft schon beim Kleinbetrieb nicht brauchbar. Beim Mittel- und Großbetrieb ist sie eine Unmöglichkeit. Hier muß die Willenseinheit durch besondere organisatorische Maßnahmen geschaffen werden. Das geschieht durch den Instanzenbau.

2. Autorität.

Der Instanzenbau ist durch das Vorgesetzten-Untergebenen-Verhältnis charakterisiert: der eine befiehlt, der andere gehorcht. Ein derartiges Verhältnis ist nur denkbar, wenn der Befehlende genügend Autorität besitzt.

[57]) Nicklisch spricht deshalb vom „Gesetz der Einung und Gliederung" (Der Weg aufwärts! Organisation; S. 77), das für ihn eine Erscheinungsform seines zentralen Organisationsgesetzes, nämlich des Gesetzes der Freiheit ist. — Sombart sagt: „Alle Organisation menschlicher Arbeit beruht nun auf zwei und nur zwei Prinzipien: auf der Spezialisation und auf der Kooperation. Nichts anderes vermag der Mensch zu ersinnen, als diese beiden Organisationsprinzipien, die aller Betriebsanordnung, freilich in mannigfach verschiedener Anwendung und Verknüpfung, allein zugrunde liegen." (Die Ordnung des Wirtschaftslebens, Berlin 1925; S. 34).

Autorität ist die Anerkennung des Rechts zum Befehlen durch den Befohlenen.[58]) Ihre Auswirkung ist Disziplin. Die Quellen der Autorität können verschieden sein:

a) jemand ordnet sich einem anderen unter, weil er eine Leitungsfunktion ausübt. (Autorität kraft Funktion). Fayol [59]) nennt diese Autorität statutarische. Der Befohlene schaltet seinen Willen mit dem des Befehlenden gleich. Das ist nur denkbar, wenn er einsieht, daß die Gemeinschaft nur dann zur Einheit wird, wenn sie ein einziger Wille beherrscht. Diese Einordnung erfordert tiefes Verständnis für die Zusammenhänge des Gemeinschaftslebens und hohe sittliche Kraft. Man wird diesen Fall deshalb praktisch nicht oft finden.

b) Jemand ordnet sich unter, weil der Befehlende eine überragende Persönlichkeit ist. Hier ist zu unterscheiden, ob er sich

   aa) dem überragenden Können des Befehlshabers aus Achtung freiwillig unterwirft oder ob er sich

   bb) der suggestiven Wirkung unterwirft, die von der Persönlichkeit des Anordnenden ausgeht. Im letzten Falle handelt es sich nicht mehr um ein freiwilliges Unterordnen; die Autorität erklärt sich nicht mehr rational.

In allen bisher aufgezählten Fällen erfolgt die Schaffung der Willenseinheit reibungslos, weil die Autorität eine sichere, wirkungsvolle Grundlage hat. Sie ist innerlich fundiert. Das ist nicht mehr der Fall, wenn

c) die Unterordnung eine erzwungene ist und auf äußere Macht zurückzuführen ist. Dann handelt es sich nicht mehr um Autorität in dem oben gegebenen Sinne. Da die erzwungene Autorität jedoch praktische Bedeutung hat, muß sie erwähnt werden. Die Einheit der Willensbildung ist hier wenig festgefügt. Die grundsätzlich nicht Wollenden werden jede Möglichkeit, die das Netz der sie überwachenden und zwingenden Maßnahmen ihnen läßt, ausnutzen, um den Zentralwillen zu sabotieren. Ungenaue Befehle werden so schlecht, als es die Befehle zulassen, befolgt. Die Grundeinstellung des Beauftragten ist passiv.

---

[58]) Hier wird die Autorität vom Untergebenen her erklärt, um das Freiwilligkeitsmoment zu betonen. Andere legen mehr Wert auf den Machtfaktor, den der Befehlshaber repräsentiert; z. B. Fayol: „Autorität ist das Recht zu befehlen und die Macht, sich Gehorsam zu verschaffen". (Allgemeine und industrielle Verwaltung, S. 19). Ganz ähnlich auch Robinson (Fundamentals of business organization).

[59]) Fayol: Allgemeine und industrielle Verwaltung; S. 19.

Praktisch am häufigsten beruht die Autorität auf einer Mischung der hier aufgezählten Typen. Welche Elemente überwiegen, hängt von den beteiligten Personen ab. Damit gewinnt die psychische Seite des Vorgesetzten-Untergebenen Verhältnisses größte Bedeutung, denn der Betriebserfolg wird in hohem Maße davon abhängig, in welchem Umfange die seelische Abstimmung zwischen Anordnendem und Beauftragtem gelingt.

3. Der Zusammenhang zwischen Autorität, Zuständigkeit und Verantwortlichkeit.

Von der Autorität muß der sachliche Bereich der Befehlsgewalt eines Vorgesetzten scharf geschieden werden. Dieser Unterschied geht meist verloren. Hier wird also streng geschieden:

das Maß persönlicher Autorität, das jemand hat von dem sachlichen Befehlsbereich oder der Zuständigkeit eines Befehlshabers.

Autorität erklärt das Phänomen der Unterordnung und ist Gradmesser für die Disziplin, die innerhalb eines Befehlsbereiches herrscht. Die Zuständigkeit ist von der Verteilung der betrieblichen Funktionen abhängig.

Der Unterschied wird noch deutlicher, wenn man sich vergegenwärtigt, daß jemandes Zuständigkeit umfangreich sein kann, ohne daß er Autorität besitzt. Es ist dann allerdings sehr ungewiß, ob die vielen verschiedenartigen Anordnungen, die der betreffende Vorgesetzte gibt, auch befolgt werden. Umgekehrt; es kann ein anderer ein nur eng begrenztes Zuständigkeitsfeld haben und trotzdem viel Autorität besitzen, so daß seine wenigen Anordnungen schnell und bedingungslos erledigt werden.

Nach dieser Klarstellung ist ersichtlich, daß die übliche Formulierung, daß Autorität und Verantwortlichkeit zusammengehören,[60]) korrekturbedürftig ist. Verantwortlichkeit steht nur mittelbar mit Autorität in Zusammenhang, und zwar dadurch, daß derjenige, der Autorität besitzt, eine Funktion erfüllt, für die er verantwortlich ist.

Streng genommen ist Verantwortlichkeit das Korrelat zur Funktion.[61]) Denn Verantwortlichkeit, d. h. das Einstehen mit seiner Person für eine Handlung, hat den Sinn, jemanden, der eine Funktion zu erfüllen hat, zu zwingen, dies gewissenhaft und gründlich zu tun. Leichtfertigkeit, Unüberlegtheit sollen vermieden werden.

---

[60]) Schon Fayol betont das: „Autorität kann nicht ohne Verantwortlichkeit gedacht werden" (Allgemeine und industrielle Verwaltung, S. 19). Vergl. auch Robinson: „Authority and responsibility are complementary". (Fundamentals ... S. 186).

[61]) Nordsieck deutet das schon an (Schaubilder S. 17).

Welcher Art die Funktion ist, spielt keine Rolle. Es gilt in gleicher Weise für ausführende und leitende Funktionen. Es ist also nicht notwendig, daß jemand, der etwas verantworten soll, „Raum für Dispositionsmöglichkeiten" haben muß, wie Theisinger [62]) zu glauben scheint. Wenn es so wäre, müßte Verantwortlichkeit allein an Leitungsfunktionen geknüpft sein. Tatsächlich ist es anders. Es kann jemand dafür verantwortlich gemacht werden, eine genau umrissene Aufgabe, bei der Ziel und Weg genau vorgeschrieben sind, zu erledigen. Die Verantwortlichkeit bezieht sich dann darauf, den vorgeschriebenen Weg genau zu befolgen. Danach trägt also jeder im Betrieb Verantwortung.

Die Auffassung, daß Verantwortlichkeit untrennbar mit Dispositionsfreiheit verknüpft sei, erklärt sich aus einer ungenügenden Beachtung des

Grundsatzes der Kongruenz.

Er verlangt, daß Funktion und Verantwortung sich inhaltlich decken müssen. Dann ist klar, daß jemand, dem rein ausführende Funktionen zur Erledigung übertragen sind, niemals dafür verantwortlich gemacht werden kann, daß die ihm übertragenen Funktionen verfehlt sind. Deswegen muß man sich an den halten, der diese ausführenden Funktionen angeordnet hat. Die ausführende Stelle hier kann nur dafür zur Rechenschaft gezogen werden, daß sie die aufgetragenen Funktionen nicht vorschriftsmäßig ausführt.

Der Grundsatz der Kongruenz erklärt den verschiedenen Umfang der Verantwortung, den die einzelnen tragen. Er variiert, je nach Zahl und Art der ihnen übertragenen Funktionen.

Wem gegenüber ist nun der einzelne verantwortlich? Regelmäßig demjenigen, der ihm eine Funktion zugewiesen hat. So hat jeder Auftrag als Kehrseite die Verantwortlichkeit: Die Anordnung, die von oben kommt, löst Verantwortung von unten nach oben aus.

Für die Leitungsspitze gibt es keinen direkten Auftraggeber. Hier besteht die Verantwortlichkeit einmal der Betriebsgemeinschaft gegenüber, die sich ihr vertrauensvoll fügt. Die Verantwortlichkeit bezieht sich darauf, daß das Ziel, um dessentwillen die Unterordnung erfolgt, erreicht wird. Dann besteht sie gegenüber der Gesamtwirtschaft, deren Glied der Betrieb ist. Die Betriebsführung ist für eine die Belange des Volkes fördernde Leitung verantwortlich. Diese Belange gehen über die rein wirtschaftlichen hinaus. Sie ergreifen die gesamten Lebensbedingungen des Volkes. Sie verlangen Rücksichtnahme darauf, daß der Mensch ne-

---

[62]) Die Führung der Unternehmung als organisatorisches Problem. (Z. f. B. 1933; S. 664).

den seiner Eigenschaft als Wirtschaftsobjekt vor allem Ziel alles Wirtschaftens, darüber hinaus Mensch und Staatsbürger ist.

Die Verantwortlichkeiten müssen nicht nur festgestellt werden. Sie müssen verwirklicht werden. Keine Stelle im Betriebe darf darüber im Zweifel sein, daß sie auch wirklich zur Rechenschaft gezogen wird. Fayol [63]) spricht von der Notwendigkeit der Sanktion. Voraussetzung ist eine exakte Kontrolle der Leistung jedes einzelnen. Für Arbeitsträger, auf die nur ausführende Funktionen vereint sind, ist das relativ einfach: aus einem Vergleich von Soll und Ist läßt sich die Leistung ermitteln.[64]) Schwierig ist es für leitende Arbeit. Hier gibt es keine so klare Norm. Man muß sich regelmäßig damit begnügen, zu prüfen, ob der Betreffende genügend gewissenhaft seine Entscheidung vorbereitet und getroffen hat.[65])

Je nachdem, wie das Urteil über die Leistungen ausfällt, müssen sie belohnt oder gerügt werden. Belohnung [66]) erfolgt, um die einzelnen zu guter Leistung anzuspornen. Man wird so einer wichtigen psychischen Grundeinstellung des Menschen gerecht: dem Drang nach Anerkennung.[67]) Ihn gilt es für die Verwirklichung des von Schmalenbach geforderten Grundsatzes der innerbetrieblichen Konkurrenz [68]) nutzbar zu machen.

[63]) Fayol: Allgemeine und industrielle Verwaltung; S. 19.

[64]) In diesem Zusammenhang erlangt das organisatorische Mittel der Standardkostenrechnung eine besondere Bedeutung.

[65]) Leitner (Kontrolle, S. 19) meint, daß sich die planende, leitende, disponierende, schöpferische Arbeit ... in der ertragswirtschaftlichen Bedeutung am Gesamtertrag oder an Teilerträgen kontrollieren lasse. — In dieser Richtung liegt wohl auch tatsächlich eine Lösungsmöglichkeit. Er betont jedoch, daß das hierbei auftretende Zurechnungsproblem nur in Einzelfällen lösbar sei.

[66]) Hierbei wird nicht nur an die Lohn- und Gehaltstüte gedacht; das Wort ist in seiner allgemeinsten Bedeutung aufzufassen.

[67]) vergl. die interessanten Ausführungen von Baumgarten: Psychologie der Menschenbehandlung im Betriebe (H. d. A. Band V, 2. Halle 1930). — Ferner Witte: Psychotechnik der Organisation in Fertigung, (Büro-) Verwaltung, Werbung. (H. d. A. V, 2; S. 295): „man geht heute von der Voraussetzung aus, daß der Angestellte im allgemeinen von Hause aus bereit ist, sich bei seinen Arbeiten zu bewähren und daß es Aufgabe des Büroleiters sein muß, dem ihm unterstellten Angestellten dazu zu verhelfen, auch wirklich sein Bestes leisten zu können. Im Laufe der Zeit haben wir gelernt, daß in dem Angestellten der Wunsch, etwas zu schaffen, seine Stellung zu behaupten und vor sich selbst bestehen zu können, größer und machtvoller ist als seine Neigung, sich vor der Arbeit zu drücken."

[68]) Schmalenbach: Die wirtschaftliche Lage. (Der praktische Betriebswirt, Jahrgang 1933, S. 103).

Schon die Frage der Belohnung löst mannigfache Schwierigkeiten aus. Nicht anders verhält es sich, wenn eine Leistung gerügt werden soll. In welchem Maße sollen Verfehlungen geahndet werden? Manchmal genügt schon taktvolle Ermahnung, um jemanden zur Ordnung zu rufen. In schwereren Fällen muß zur Lohnkürzung geschritten werden. Grundsätzlich muß bei leitender Arbeit schärfer durchgegriffen werden als bei rein ausführende Funktionen erfüllenden Stellen.

4. Leitungsfunktionen und Instanz.

Nach den bisherigen Ausführungen kann das Wesen der Instanz [69]) folgendermaßen umrissen werden: Instanz ist ein Arbeitsträger, der innerhalb eines genau abgegrenzten Funktionenbereiches, zu dessen Erledigung eine Personengemeinschaft nötig ist, autoritär entscheidet und anordnet, um die einheitliche Durchführung dieses Arbeitsgebietes, für das er verantwortlich ist, zu sichern.

Die Funktionenverteilung muß auf den Zweck, dem die Instanz zu dienen hat, Rücksicht nehmen. Das geschieht dadurch, daß auf Instanzen vor allem Leitungsfunktionen vereint werden. Das Mindeste, was in dieser Hinsicht verlangt werden muß, ist, daß sich die Instanz Zielsetzung und Kontrolle vorbehält. Initiative und Planung können den

---

[69]) Mit dem Instanzbegriff haben sich Nordsieck und Kosiol auseinandergesetzt. Nordsieck (Schaubilder, S. 16) definiert: unter Instanz wird hier derjenige Aufgabenträger verstanden, der mit disziplinarischer Willens- und Vertretungsgewalt für den Bereich eines untergegliederten und auf weitere Aufgabenträger verteilten Aufgabengebietes ausgestattet ist. — Diese Begriffsbestimmung ist nicht klar genug; das scheint auch Kosiol zu empfinden, als er, auf Nordsieck fußend, versucht, den Instanzenbegriff anders zu fassen. Er sagt (Organisation und Betriebswirtschaft, S. 84): Instanz ist eine für eine genau abgegrenzte Gliedaufgabe und ihre Erledigung zuständige Stelle und hat innerhalb dieser Grenzen sachliche Entscheidungskompetenz. Sie vertritt als Unterführer den einheitlich erstrebten Willen der Leitung. — Kosiol hat die Sache erst recht verwirrt:

a) es ist nicht gesagt, daß die Gliedaufgabe durch eine Personenmehrheit erfüllt wird;

b) der Begriff bezieht sich nur auf die Unterführer. Die Leitungsspitze wäre also nicht Instanz; das ist nicht haltbar. Kosiol scheint es einzusehen, denn an anderer Stelle sagt er, ohne den Widerspruch zu merken: „der oberste Aufgabenträger stellt die sogenannte letzte Instanz dar".

c) der Instanzbegriff wird verwässert. Nach Kosiol ist, wenn von dem unter b) gerügten Widerspruch abgesehen wird, jeder Betriebsangehörige Instanz, nämlich für die ihm zugewiesenen Funktionen. Dann bedeutet also Instanz nichts weiter als Zuständigkeit. Das muß abgelehnt werden.

die ausführende Arbeit Leistenden überlassen werden, die somit weitgehende Dispositionsfreiheit erlangen. Beschränkt sich eine Instanz auf diese Mindestfunktionen, so spricht man von Leitungsdezentralisation.

Oft ist es indessen zweckmäßig, über das unbedingt Notwendige hinaus weitere Leitungsfunktionen zusammenzufassen. Je nach dem Umfange, in dem dies geschieht, spricht man von mehr oder weniger straffer Leitungszentralisation. Daraus ergibt sich, daß es sich bei den Fragen der Leitungszentralisation bzw. -dezentralisation nicht eigentlich um Gegensätze handelt, sondern nur um graduelle Unterschiede.

5. Der mehrstufige Instanzenbau.

Solange eine einzige Instanz zur Sicherung der Willenseinheit ausreicht, handelt es sich um einen einstufigen Instanzenbau: einer befiehlt, alle anderen gehorchen. In Nordsieck'scher Terminologie [70]) gibt es in einem derartigen Betriebe außer einer „Nur-Instanz" nichts als „Nur-Beauftragte".

Bei größeren Betrieben kommt man mit einem einstufigen Instanzenbau nicht aus. Fayol [71]) behauptet, daß er nur für Betriebe ausreicht, die 10 bis 30 Personen beschäftigen. Steigt die Zahl der für die Lösung einer Aufgabe benötigten Personen, so muß die Leitungsspitze durch „Zwischeninstanzen" entlastet werden. Sie werden zwischen „Nur-Instanz" und „Nur-Beauftragte" eingeschaltet. Das sie Kennzeichnende ist, daß sie von der nächsthöheren Instanz beauftragt sind. Sie sind also zugleich Beauftragte als auch Instanz.[72]) Die Zwischeninstanzen treten gegenüber der Leitungsspitze als Repräsentanten einer größeren Personengruppe auf, so daß die Zahl derjenigen, die der „Nur-Instanz" unmittelbar unterstehen, erheblich reduziert ist.

Die Leitungsspitze beschränkt sich dann immer mehr darauf, die allgemeine Geschäftspolitik zu bestimmen, während es den Nachgeordneten überlassen bleibt, die für die Durchführung dieser Politik geeigneten Mittel und Wege auszusinnen und anzuwenden. Vom Vorgesetzten her gesehen haben demnach die Zwischeninstanzen ausführende Funktionen zu erfüllen. Gleichzeitig haben sie aber ihren Untergebenen ihrerseits Ziele zu setzen. Dies geschieht jedoch ausschließlich im Rahmen des selbst erhaltenen Auftrags und bedeutet somit Setzung von Teilzielen, über die der Weg zum höheren Ziele führt. Diese Teilziele sind als Resultat der Planung der Durchführung des höheren aufzufassen. Aus diesem Zusammenhang läßt sich ganz allgemein folgender Satz ableiten: Im Ver-

---

[70]) Nordsieck: Schaubilder, S. 17.
[71]) Fayol: Allgemeine und industrielle Verwaltung, S. 45.
[72]) Nordsieck: Schaubilder, S. 17.

hältnis von Vorgesetztem zu Untergebenem hat ersterer stets die Zielsetzung, letzterer dem gesteckten Ziele zuzustreben.

Je nach den Erfordernissen des Einzelfalles werden eine oder mehrere Instanzenstufen zwischengeschaltet. Bei der Reichspost z. B. ist das Reichspostministerium Leitungsspitze; unmittelbar nachgeordnet sind die Oberpostdirektionen, die ihrerseits Vorgesetzte der Postämter sind. Oder: in einem Fabrikbetrieb besteht folgende Rangordnung: Generaldirektor — Fabrikdirektor — Betriebsleiter — Obermeister — Meister — Vorarbeiter — Arbeiter.

Die zunehmende Stufung der Instanzen bedeutet eine fortgesetzte Einengung der Zuständigkeitsbereiche. Denn der Bereich eines beliebigen Arbeitsträgers im Betriebe ist stets gleich dem des unmittelbar Vorgesetzten vermindert um:

a) das, was der Vorgesetzte zur Selbsterledigung zurückbehalten hat (Kompetenzvorbehalt), sowie

b) was der Vorgesetzte Nebengeordneten zugewiesen hat.

Es ergibt sich also folgendes Schema:

<table>
<tr><td colspan="3">Zuständigkeitsbereich der Leitungsspitze</td></tr>
<tr><td colspan="2">delegiert an Zwischeninstanzen</td><td rowspan="4">Kompetenzvorbehalt der Leistungsspitze; z. B allg. Richtlinien, grundlegende Entscheidungen d. Finanz-, Produktions- oder Marktwirtschaft; Repräsentation</td></tr>
<tr><td colspan="2">Zuständigkeitsbereich der Zwischeninstanzen</td></tr>
<tr><td>delegiert an</td><td rowspan="2">Kompetenzvorbehalt der Zwischeninstanzen; Disposition Bearbeitg. schwieriger Fälle u a.</td></tr>
<tr><td>Zwischeninstanzen oder Nur-Beauftragte</td></tr>
</table>

Je mehr direkt Untergebene eine Instanz hat, um so mehr lassen sich die Zuständigkeitsbereiche einengen und um so weniger Instanzenstufen sind erforderlich, und umgekehrt. Die Erhöhung der Zahl der einer Instanz direkt Untergebenen bedeutet eine Vernachlässigung der Nacheinanderordnung zu Gunsten einer Nebeneinanderordnung, bzw., wenn man den Instanzenbau als eine Personalpyramide auffaßt, eine Verbreiterung der Basis und Reduktion der Höhe. Auf die Bedeutung dieses Zusammenhangs wird später bei der Behandlung des Problems der richtigen Instanzenhöhe noch näher eingegangen.

VII. Probleme der Abteilungsbildung.

1. Das Wesen der Abteilung.

Mit der Einschaltung von Zwischeninstanzen wird die Frage der Abteilungsbildung aufgeworfen, d. h. wie sollen die Zuständigkeitsbereiche der Zwischeninstanzen abgegrenzt werden?

Quantitativ betrachtet muß der Arbeitsbereich einer Abteilung stets so groß sein, daß die Zwischeninstanz einen erheblichen Teil der Funktionen auf Untergebene übertragen muß. Untergebene und Zwischeninstanz [73]) bilden die Abteilungsgemeinschaft. Unwesentlich ist hierbei, ob die der Instanz Nachgeordneten „Nur-Beauftragte" sind oder wiederum Zwischeninstanzen. Auf diese Unterscheidung wird schon deswegen kein Gewicht gelegt, weil gerade in den unteren Instanzen nie eindeutig festzustellen ist, ob ein Arbeitsträger noch Instanz oder schon „Nur-Beauftragter" ist. Lehrlinge z. B. werden Arbeitern und Angestellten im Betriebe unterstellt, die man gewöhnlich als „Nur-Beauftragte" betrachtet. Oder ein anderes Beispiel: wie ist die organisatorische Stellung einer Stenotypistin zu einem Korrespondenten? Ist es ein Verhältnis des Zusammenarbeitens Nebeneinandergeordneter oder ist der Korrespondent Vorgesetzter der Stenotypistin? Die Klärung dieser Frage wird dadurch besonders erschwert, daß sowohl der Lehrling des ersten Beispiels als auch die Stenotypistin des zweiten nebenher häufig vom Vorgesetzten des den Lehrling ausbildenden Angestellten bzw. des Korrespondenten Aufträge erhalten. Diese Unklarheiten sind wohl auf eine Tendenz, untere Instanzenverhältnisse zu vernachlässigen, zurückzuführen. Hierauf weist Nordsieck [74]) mit Recht hin.

Die Schwierigkeiten der Abteilungsbildung liegen nicht auf quantitativem Gebiet, sondern auf qualitativem: welche Funktionen sollen Inhalt einer Abteilung bilden? Das ist das Problem.

2. Das natürliche Abteilungsbildungsprinzip.

Nach dem Einblick, den die Aufgabenanalyse in den betrieblichen Funktionenbau verschafft hat, ist es naheliegend, die Abteilungsbildung an den betrieblichen Kernfunktionen, als den ursprünglichen, zu orientieren. So gelangt man zum natürlichen Abteilungsbildungsprinzip. Es ist durch zwei Merkmale gekennzeichnet:

a) es gliedert die Kernfunktionen (als einheitlichen Arbeitsablauf gedacht) nach dem Funktionen- oder Objektprinzip in komplementäre

---

[73]) Wesentlich ist, daß es sich um eine Zwischeninstanz handelt. Wäre der Vorgesetzte die Leitungsspitze, so handelte es sich um den Gesamtbetrieb.

[74]) Schaubilder, S. 17.

Kernfunktionenenzyklen, um jeden einzelnen einer Abteilung als Hauptarbeitsinhalt zuzuweisen. Diese Gliederung kann auch als Prozeßgliederung bezeichnet werden.

b) Ergänzend wird in jeden Abteilungsbereich die Erledigung der mit den betreffenden Kernfunktionen zusammenhängenden Zusatzfunktionen einbezogen, sofern sie nicht zum Kompetenzvorbehalt der vorgesetzten Stelle gehören.

Es ergeben sich so für die einzelnen Zwischeninstanzen, die nun auch als Abteilungsleiter bezeichnet werden können, Zuständigkeitsbereiche, die neben der Durchführung eines bestimmten Kernfunktionenkreises auch die Verwaltung der zur Abteilung gehörenden Menschen und Sachen umschließen, sowie die Leitung dieser Kern- und Verwaltungsarbeit.

Dem natürlichen Abteilungsbildungsprinzip liegt der Gedanke zugrunde, daß zusammenhängende Funktionen räumlich möglichst wenig auseinandergerissen werden. Darin liegt die Anerkennung des Prinzips der kurzen Wege.[75]) Es ist damit ein leitungstechnisch dezentrales Prinzip, in dem die Leitung so dicht als überhaupt möglich mit der Ausführung, — Kern- und Verwaltungsarbeit, — verknüpft wird. Vorteilhaft ist hierbei, daß die Abteilungsführung außerordentlich elastisch ist. Nachteilig, daß die einzelnen Abteilungen denkbar selbständig sind: jeder Abteilungsleiter gleicht — in engerem Rahmen — der Leitungsspitze. Damit wird die Betriebseinheit in einer gefährlichen Weise aufgelockert.

Wenn es sich um komplizierte Aufgaben handelt — bei modernen Betriebsaufgaben ist dies die Regel — kommt noch ein weiterer Nachteil hinzu: jedem Abteilungsleiter wird ein überaus mannigfaltiger Funktionenkreis überantwortet. Soll die Abteilungsführung hochwertig sein, so muß die Instanz derart gediegene Kenntnisse und vielseitige Fähigkeiten besitzen, wie sie in einer Person nicht häufig vereint sind.[76]) So besteht die Gefahr, daß die Abteilungsleiter den an sie gestellten Anforderungen nicht genügen. Die hierdurch hervorgerufenen Nachteile kommen nur dann nicht zur Geltung, wenn die Untergebenen imstande sind, aus eigener Initiative das zu ergänzen, was der Vorgesetzte anzuordnen unterlassen hat. Das ist nur möglich, wenn die Beauftragten ausgeprägtes Fachwissen mit vorbildlicher Disziplin verbinden und selbständig zu arbeiten gewohnt sind.

---

[75]) Hier wird an das angeknüpft, was an anderer Stelle über die räumliche Verteilung der Funktionen gesagt ist. Es wird wiederum offenbar, wie untrennlich Raumverteilung und Verteilung auf Personen oder Personengruppen zusammenhängen.

[76]) Er muß für den Bereich der Kernfunktionen Fachmann sein. Er muß Verwalter sein; er muß Disponent und Organisator sein.

Der Erfolg einer Organisation, bei der dies Abteilungsbildungsprinzip bevorzugt wird, hängt entscheidend von den Qualitäten der im Betrieb zusammengefaßten Menschen ab. Deshalb wird das Prinzip in seiner reinen Form praktisch selten angewandt. Meist werden einzelne Funktionen im Wege der Zentralisation ausgegliedert. Am deutlichsten ist die natürliche Abteilungsbildung erkennbar, wenn ein Betrieb räumlich weitauseinanderliegende Betriebsstellen unterhält. Denn in derartigen Fällen ist die Zentralisation einzelner dem Arbeitsablauf der Betriebsstellen zugehöriger Funktionen regelmäßig unzweckmäßig, entsprechend den an anderer Stelle entwickelten Grundsätzen über die Zentralisation. Als praktische Beispiele können deshalb vor allem Post-, Finanz- oder Arbeitsämter erwähnt werden, ferner Großbankdepositenkassen.

Sollen die evtl. schwerwiegenden Nachteile, die das natürliche Abteilungsbildungsprinzip mit sich bringt, ausgeschaltet werden, so müssen die instantiellen Zuständigkeitsbereiche eingeengt werden, d. h. der Spezialisierungsgedanke muß die Abteilungsbildung beherrschen.

3. Spezialisierung.

Die Forderung nach Spezialisierung gilt nicht nur für die Abteilungsbildung. Sie ist umfassender und wird später, wenn die Organisation der Abteilungsfunktion behandelt wird, von neuem aufgerollt.

Die zugrunde liegende Idee ist, daß jeder Mensch nur für ein eng begrenztes Arbeitsgebiet erstklassig ist. Will man also gute Leistungen erwarten, so müssen die besonderen Fähigkeiten eines jeden ausgewertet werden. Das muß bei der Organisation beachtet werden.

Das Minimum an Spezialisierung wird regelmäßig durch das Schlagwort, Kopf- und Handarbeit [77]) voneinander zu trennen, zum Ausdruck gebracht. Dieser Satz hat seinen Ursprung im Fabrikbetrieb und sollte zum Ausdruck bringen, daß die in der Werkstatt arbeitenden Menschen (Arbeiter und Meister) von aller planenden Arbeit, die sich darauf bezieht, den Arbeitsablauf zu bestimmen sowie Arbeit, Werkzeuge und Maschinen zu verteilen, frei zu machen sind: Der auf Handarbeit geschulte Werkmann sollte also von der für ihn ungeeigneten Denkarbeit entlastet werden.

Die Unterscheidung ist zweifellos wichtig und ihre Bedeutung geht über den ursprünglichen Anwendungsbereich weit hinaus. Sie reicht indessen noch nicht aus, um Arbeitsarten grundsätzlicher Art zu kennzeichnen. Hierzu scheint die folgende Typisierung geeigneter, die sich ergibt,

---

[77]) korrekter wäre es, wenn man zwischen Arbeit, die im wesentlichen das Gehirn und solche, die überwiegend die Muskeln beansprucht, unterschiede.

wenn man die betrieblichen Funktionen nach dem Objekt, mit dem sie verbunden sind, scheidet:

a) Funktionen, deren Objekt Personen sind. Sie erfordern vor allem folgende Fähigkeiten:

   Tatkraft,
   Initiative,
   Gewandtheit,
   Zielbewußtsein,
   psychologisches Verständnis,
   suggestives Auftreten.

   Derartige Funktionen erfüllen besonders Instanzen, Personalchefs, Ein- und Verkäufer.

b) Funktionen, deren Objekt Sachen sind. Hierbei kommt es vor allem auf folgende Fähigkeiten an:

   Geschicklichkeit,
   Körperkraft,
   Ausdauer,
   Genauigkeit.

   Träger solcher Funktionen sind die Arbeiter in der Werkstatt und gewisse Beamte im Büro.

c) Funktionen, deren Objekt Geistiges ist. Sie erfordern:

   Initiative,
   scharfen Verstand,
   Rechenhaftigkeit,
   Ausdauer,
   Intuition.

   Derartige Funktionen üben vor allem Konstrukteure, Planungsbeamte und Forscher aus.

Die Tendenz geht dahin, die Spezialisierung möglichst weit zu treiben, so daß die Frage nach ihren Grenzen auftaucht. Die Lösung dieses Problems kann zunächst zurückgestellt werden, da es bei der Abteilungsbildung noch nicht akut wird. Es taucht erst auf, wenn die einer Abteilung zugewiesenen Funktionen auf einzelne Personen verteilt werden. Dann wird hier wieder angeknüpft.

Der Vorteil der Spezialisierung besteht nicht allein darin, daß die menschliche Arbeit besser und sicherer geleistet wird. Er ist auch darin zu suchen, daß der Betrieb von den Qualitäten einzelner Personen unabhängiger wird, wodurch seine Existenz auf die Dauer mehr gesichert erscheint. Denn da die Individualität einzelner Menschen, soweit sie hier interessiert, sich darauf gründet, daß gewisse stets wiederkehrende Fähigkeiten in den verschiedensten Kombinationen auftreten, so wird man um so leichter für den Betrieb geeignete Personen finden, je mehr man bei der Organisation darauf achtet, den Funktionenkreis der einzelnen Arbeitsträger derart einzuengen, daß zu dessen Erledigung nur wenige Fähigkeiten Voraussetzung sind.

Die volle Würdigung der Spezialisierung ist das Kennzeichen der modernen wissenschaftlichen Organisation, wie sie vor allem in Amerika entwickelt wurde. In der angelsächsischen Literatur findet diese Tendenz ihren ausgeprägtesten Niederschlag in der „functional organization".

4. Voraussetzungen für die Spezialisierung.

Wie ist die Spezialisierung bei der Abteilungsbildung zu verwirklichen? Das hängt vor allem von dem Rhythmus der einzelnen Funktionen ab. Je schneller er ist, um so weniger Funktionen reichen aus, den Zuständigkeitsbereich einer Abteilung auszufüllen.[78]) Voraussetzung für die Spezialisierung ist demnach, daß die betrieblichen Funktionen einen kurzen Rhythmus haben.

Wenn Betriebsaufgaben einen geringen Umfang haben (Kleinbetriebe!), ist das regelmäßig nicht der Fall. Hier ist also die Spezialisierungsmöglichkeit stark eingeschränkt. Aber auch wenn die Betriebsaufgabe groß ist, also bei Großbetrieben, sind starke Unterschiede im Rhythmus festzustellen.

Die große Leistung, für deren Produktion ein Betrieb aufgebaut werden soll, kann entweder darin bestehen, daß ein bestimmtes Gut in großen Mengen hergestellt werden soll (Massenfertigung), oder darin, daß viele verschiedene Güter vereinzelt oder in kleineren Losgrößen nach- oder nebeneinander zu erzeugen sind (Einzelfertigung.[79]) Zwischen beiden Grenzen sind noch viele Variationen möglich, von denen hier abgesehen sei.

Bei Massenfertigung ist die Zahl unterschiedlicher Funktionen gering, dafür ihr Rhythmus kurz; es sind damit die Voraussetzungen für die Anwendung des organisatorisch vorbildlichen Fließarbeitsverfahrens gegeben.

---

[78]) Der Umfang der Zuständigkeit hängt von der Arbeitskraft der Abteilung ab, die durch den Faktor: Zahl der die Abteilungsgemeinschaft bildenden Personen multipliziert mit der täglichen Arbeitszeit bestimmt ist.

[79]) Wenn auch zur Erklärung der Unterschiede in der Betriebsleistung speziell der Fabrikbetrieb herangezogen wird, so muß stets im Auge behalten werden, daß der hier dargelegte Sachverhalt von allgemeiner und grundsätzlicher Bedeutung ist und sich somit auf jeden anderen Geschäftszweig übertragen läßt.

Bei Einzelfertigung ist es umgekehrt: die Zahl verschiedener Funktionen ist groß und ihr Rhythmus lang. Die Tendenz ist deshalb, die Einzelfertigung möglichst aufzugeben, um die Zahl der Funktionen zu vermindern und dafür ihren Rhythmus zu forcieren. Die Idee der Vereinheitlichung gewinnt hierbei große Bedeutung. Sie findet ihren praktischen Ausdruck in Typung und Normung.

5. Das Zentralabteilungsprinzip.

Die Vereinheitlichung trägt schon wesentlich zu einer Vereinfachung des Arbeitsinhalts der einzelnen Abteilungen bei. Soll die Idee der Spezialisierung jedoch voll zum Durchbruch gelangen, so muß ein neues Abteilungsbildungsprinzip in den Vordergrund geschoben werden: das Zentralabteilungsprinzip.[80]) Sein Anwendungsbereich ist durch die bereits entwickelten Grundsätze der Zentralisation umrissen und erweist sich praktisch als überaus groß, wegen der vielen Vorteile, die mit ihm verknüpft sind. Die Vorteile des Zentralabteilungsprinzips

---

[80]) Die Frage der Abteilungsbildung behandelt auch Nordsieck in folgenden Arbeiten:

a) Aufgabenverteilung und Instanzenbau im Betrieb. (Die Betriebswirtschaft, Jahrg. 1931, S. 204 ff.) und

b) Die Arbeitsaufgaben und ihre Verteilung. (H. d. E. S. 220 ff. insbesondere S. 226/8.)

Nordsieck stellt 7 Prinzipien der Abteilungsbildung heraus: 1. das Verwaltungszentralisationsprinzip, 2. das Verrichtungsprinzip, 3. das Objektprinzip, 4. das Mengenteilungsprinzip, 5. das Individualprinzip, 6. das Prinzip der maschinellen Zentralisation, 7. das Raumprinzip.

Diese Prinzipien sind nicht scharf genug herausgearbeitet: das Verwaltungszentralisationsprinzip und ebenso das der maschinellen Zentralisation sind weder allgemeine noch selbständige Abteilungsbildungsprinzipien. Es sind beides nur Erscheinungsformen des allgemeinen und selbständigen Zentralisationsprinzips. Dies erscheint noch in vielen anderen Spielarten, meist für jeden Betrieb individuell. Wenn man Prinzip 1 und 6 anerkennt, müßte man ebensogut noch andere, z. B. Prinzip der zentralen Postverteilung oder Postexpedition u. ä. neben sie stellen. Auch die Prinzipien 2, 3 und 4 sind nicht klar genug. Sie können sowohl als dezentrales als auch als zentrales Abteilungsbildungsprinzip aufgefaßt werden. In letzterem Falle wären sie wiederum nichts anderes als besondere Spielarten des Zentralabteilungsprinzips. (vergl. auch die oben noch folgenden Ausführungen sowie Anmerkung 91). Das natürliche Abteilungsbildungsprinzip, das auch heute noch bei räumlich weit auseinanderliegendem Arbeitsbereich eines Betriebes Bedeutung erlangt, ist gar nicht erwähnt.

Es bleiben somit das Individualprinzip, das auch als eine Unterart des Zentralisationsprinzips aufgefaßt werden kann und das Raumprinzip. Dieses letztere wird anerkannt, wenn es auch nur in Ausnahmefällen zur Anwendung gelangt.

liegen vor allem in der erhöhten Spezialisierungsmöglichkeit. Es können alle gleichen oder ähnlichen Funktionen, gleichgültig, zu welchen Arbeitszyklen sie gehören, aus dem gesamten Arbeitsbereich des Betriebes zusammengefaßt und jeweils einer Instanz unterstellt werden.[81]) Die Tendenz ist: eine Funktion für den Gesamtbetrieb soll Arbeitsinhalt einer Abteilung werden, nicht mehr viele Funktionen für einen kleinen Teilabschnitt des Betriebes, wie es das natürliche Abteilungsbildungsprinzip verlangte.

Für besonders wichtig wurde die Scheidung derjenigen Funktionen, deren Objekte Sachen sind, von denen, deren Objekte Personen oder Geistiges sind, gehalten. Deshalb müssen vor allem Leitungs- und Personalverwaltungsfunktionen zentralisiert werden. Da hierdurch gleichzeitig von den dezentralen Arbeitszyklen überwiegend solche Funktionen übrig bleiben, deren Objekt Sachen sind, ist damit — soweit es die Natur der Aufgabe zuläßt [82]) — die erwähnte grundlegende Dreiteilung herbeigeführt. Sie wird später nach zwei Richtungen hin verfeinert:

a) Jede der Funktionengruppen wird in sich weiter spezialisiert, um die instantiellen Zuständigkeiten noch enger einzugrenzen,
b) innerhalb einer jeden Abteilung wird die Funktionenverteilung unter gleichen Gesichtspunkten, wie sie hier für die Abteilungsbildung hervorgekehrt worden sind, fortgesetzt.

6. Zentralisation von Planfunktionen.

Von den Leitungsfunktionen lassen sich vor allem Planfunktionen zentralisieren: es werden

a) Zentralabteilungen geschaffen für die Ausarbeitung laufender Anordnungen. Man findet sie am ausgebildetsten in industriellen Betrieben

---

[81]) Werden gleiche Funktionen aus verschiedenen Arbeitszyklen zum Zwecke der Zentralisation herausgelöst, so entsteht in der Zentrale ein neuer Arbeitszyklus mit weit kürzerem Rhythmus, als ihn die ursprünglichen Arbeitszyklen aufzuweisen haben. Auch durch Zentralisation kann eine Zyklenbildung demnach erklärt werden. Diese Feststellung bildet eine Ergänzung zu den Ausführungen über den Arbeitszyklus auf S. 15.

[82]) Diese Einschränkung ist nötig, da in den dezentralen Arbeitszyklen, aus denen zum Zwecke der Zusammenfassung ausgegliedert wird, einzelne Funktionen vorhanden sind, die neben der Sache auch Personen als Objekt haben, z. B. Einkaufs- und Verkaufsfunktionen. Ob hier der Sache oder der Person mehr Bedeutung beizulegen ist, kann nicht generell entschieden werden. Bei komplizierten Objekten hat die für den Verkäufer typische Eigenschaft hinter der, sachverständig zu sein, zurückzustehen. So müssen z. B. die Verkäufer gewisser Maschinen in erster Linie Ingenieure sein. Das bedeutet, daß die Sache mehr funktionsbestimmend wirkt, als die Person, denn sonst würde die Verkäufereigenschaft mehr betont sein.

mit Einzel- und Reihenfertigung. Da hier wegen der Ungewißheit über das zukünftig zu Leistende im Zeitpunkt der Organisation des Betriebes der Leistungsvollzug nicht bekannt ist, muß sich der Organisator damit begnügen, die Erfüllung einer Anzahl von Funktionen, die eine vielseitige Kombination zulassen, zu ermöglichen. Erst wenn später ein Kundenauftrag eingeht, kann der Leistungsvollzug näher geregelt werden. Es setzt damit umfangreiche Disposition ein:

aa) der Kundenauftrag, durch den für den Betrieb ein Leistungsziel gesteckt wird, muß genau festgelegt werden. Das erfordert z. B. Entwurf, Konstruktion, Modellanfertigung, Ausarbeitung eines Recepts.

bb) Die Ausführung der Bestellung muß genau geplant werden; das umschließt:

1. Vorsorge für rechtzeitige Bereitstellung der benötigten Roh- und Hilfsstoffe sowie evtl. benötigter Spezialwerkzeuge. Hierzu müssen Aufträge an das Lager, an den Einkauf bzw. an die Werkzeugmacherei gegeben werden.
2. Die Bestimmung der notwendigen Funktionen
   für die Förderung des Materials (Förderwesen),
   für die Bearbeitung des Materials (Werkstätten),
   für die Prüfung des Geleisteten (Prüfwesen).
3. Die Festlegung der Zeitfolge der Funktionen. Das umfaßt die Festlegung der Arbeitszeiten für die Erfüllung jeder einzelnen Funktion.
4. Die zeitgerechte Verteilung der ermittelten Funktionen auf die einzelnen Arbeitsplätze unter Vermeidung zu ungleicher Beanspruchung der einzelnen Arbeitsträger.

Es handelt sich praktisch also um die Funktionen der Konstruktions- und Arbeitsbüros. Derartige systematische Arbeitsvorbereitung ist auch für viele andere Gebiete von Nutzen. So geht man neuerdings dazu über, vor allem in Amerika, auch die Vertriebsvorbereitung besonderen Abteilungen zuzuweisen. Sie werden „Sales Promotion Departement" oder „Sales Research Departement" genannt.[83]) Sie sind allerdings nicht ausschließlich auf Planfunktionen spezialisiert. Ihnen obliegt:

aa) Marktanalyse und Marktbeobachtung,

bb) Ausarbeitung von Handbüchern, Prospekten und anderen Verkaufsunterlagen,

---

[83]) vergl. Koch: Die Organisation des industriellen Vertriebs (Die Betriebswirtschaft, 1932, S. 221 ff.) sowie
Koch: Die Gliederung der Vertriebsorganisation. (Die Betriebswirtschaft, 1934, S. 220).

cc) Auswahl von Vertriebsmethoden und ihre Vorbereitung,
dd) Schulung des Verkaufspersonals u. ä.

Wie sehr eine systematische Planung auch beim Vertrieb sich lohnt, sei durch den folgenden Vergleich veranschaulicht[84]):

Arbeitseinteilung eines Stadtreisenden:

	A: solange dem Verkäufer selbst überlassen	B: nachdem die Arbeit vorher geplant wurde
1. Zeit für Wege	2 Stunden	1,5 Stunden
2. Zeit für Verkaufsgespräche	3 Stunden	4 Stunden
3. Zeit für Planung		1 Stunde
4. Verlustzeit	3 Stunden	1,5 Stunden

Es zeigt sich also eine wesentliche Verbesserung der Zeitdisposition, nachdem die Arbeitseinteilung dem Verkäufer entzogen war.

Zentralisiert wird nicht nur die für die laufende Disposition nötige Denkarbeit. Es werden

b) Zentralabteilungen geschaffen, die Verbesserungen auf lange Sicht vorzubereiten haben:
   aa) Organisationsabteilungen für die Verbesserung des betrieblichen Aufbaus und
   bb) Forschungs- oder Versuchsabteilungen bzw. Laboratorien für die Verbesserung der Betriebsleistung.

Diese Abteilungen haben neben der Arbeit aus eigener Initiative auch die von Betriebsangehörigen gemachten Vorschläge zu prüfen und gegebenenfalls zu verwenden. Diese begutachtende Tätigkeit erlangt um so mehr Bedeutung, je mehr die Betriebsorganisation darauf hinzielt, alle Mitarbeiter zur Aufgabenlösung für die Verbesserung der Betriebsleistung und der Betriebsapparatur heranzuziehen.[85])

---

[84]) aus Printers Ink, Oktober 1931; zitiert nach Z. f. O. 1931, S. 532.

[85]) So berichtet die Z. f. O. 1932, S. 135, daß die Pennsylvania Railroad Comp. seit 1927 ein Büro für neue Ideen eingerichtet hat, ausschließlich für den Zweck, von Mitarbeitern des Betriebes eingereichte Verbesserungsvorschläge zu prüfen. Die Einreichungen waren überaus groß, weil jeder annehmbare Vorschlag belohnt wurde. In den ersten 4 Jahren seines Bestehens erhielt das Büro 9025 Vorschläge, von denen 8898 angenommen und 2122 = 23,9 % durchgeführt wurden. Das Büro macht sich bezahlt. Hinzuzufügen ist noch, daß der Wert dieses Vorschlagssystems nicht nur darin liegt, daß überhaupt praktisch brauchbare Vorschläge gemacht werden. Schon die Tatsache,

7. Zentralisation von Ueberwachungsfunktionen.

Von den Leitungsfunktionen werden nicht nur Plan- sondern auch Ueberwachungsfunktionen zentralisiert:

a) persönliche Kontrolle; z. B. das zentrale Prüfwesen für die Werkstattarbeit oder die der Leitungsspitze unmittelbar unterstellte Revisionsabteilung, die in unregelmäßigem Turnus einzelne Betriebsstellen aufsucht, um sie gründlich zu revidieren.

b) zentrale Ueberwachung durch das Rechnungswesen. In ihm werden aus dem gesamten Betrieb gesammelte Zahlen zu folgenden Zwecken verarbeitet und ausgewertet:[86])

   aa) um periodisch den Gesamterfolg festzustellen. Er läßt, zweckmäßig gegliedert und bereinigt, so daß die Erfolgsquellen ersichtlich sind, erkennen, in welchem Maße der Betrieb seine volkswirtschaftliche Funktion erfüllt. Größe und Zusammensetzung des Erfolges lösen evtl. Dispositionen aus, um die Funktionserfüllung zu verbessern.

   bb) um den Erfolg der einzelnen Betriebsstellen festzustellen. Dies ist ein wichtiges Mittel zur Kontrolle der Einzel- und Gruppenleistungen. Sie ist Voraussetzung für die Verwirklichung der innerbetrieblichen Konkurrenz, von der an anderer Stelle gesprochen wurde.

   cc) um die Kosten der Leistungseinheit zu ermitteln. Sie bilden die Grundlage für die Marktpolitik. Für den Absatzmarkt werden Angebotspreis bzw. Preisuntergrenze festgestellt, für den Beschaffungsmarkt die Grenze, bis zu der den einzelnen Lieferanten Preise bewilligt werden können.

Selbst in Kleinstbetrieben ist diese zahlenmäßige Ueberwachung notwendig, weil sie das sicherste Mittel zur Abstimmung von Kosten und Ertrag ist. Die entscheidende Bedeutung erlangt sie erst in Großbetrieben, wegen ihrer Eignung, die persönliche Uebersicht und Kontrolle zu ergänzen oder gar zu ersetzen. Letzteres gilt insbesondere für die oberen Instanzen. Damit zugleich bildet das Rechnungswesen eine unerläßliche Voraussetzung für sachgemäße, vernünftige Disposition.[87])

---

daß Verbesserungsvorschläge gemacht werden, was doch darauf hinweist, daß an den betr. Stellen die Organisation zu wünschen übrig läßt, ist überaus wichtig, weil sie der Organisationsabteilung aufzeigt, wo sie einzugreifen hat.

[86]) Diese Zentralisation schließt nicht aus, daß die Aufbereitung des von der Zentrale zu verarbeitenden Materials teilweise dezentral geschieht.

[87]) Die Bedeutung des Rechnungswesens kann hier nur gestreift werden. Wegen Einzelheiten muß auf das umfangreiche Schrifttum verwiesen werden. Besonders lesenswert ist der kürzlich veröffentlichte Aufsatz von Mellerowicz: Grundlagen und Grundsätze neuzeitlicher Buchhaltungsorganisation. (Der praktische Betriebswirt, 1934, S. 741 ff.).

8. Sonstige Zentralabteilungen.

Die abteilungsmäßige Verselbständigung zentralisierter Ueberwachungsfunktionen erklärt sich aus dem Drang zur Spezialisierung. Um bei den eben herangezogenen Beispielen zu bleiben: sowohl die Handhabung des Rechnungswesens als auch die Prüfung der Werkstattarbeit erfordern jeweils eine besondere Technik.

Bei anderen Funktionen läßt sich die Zentralisierung nicht so eindeutig erklären, denn es sprechen neben der Spezialisierung noch andere Gründe für die Bildung von Zentralabteilungen:

a) es ist unzweckmäßig, Funktionen mit gegensätzlicher Tendenz in einer Hand zu vereinigen, weil dann notwendig eine von beiden vernachlässigt wird. Das gilt zum Beispiel für Kern- und Verwaltungsfunktionen. Das Streben nach vorbildlicher Erfüllung der Kernfunktionen führt leicht zu einer Ueberanstrengung der Funktionenträger. Dem hat die Verwaltungsfunktion vorzubeugen. Die Sorge um die Träger der Kernfunktionen bringt es mit sich, sie zur Mäßigung bei der Arbeit zu veranlassen. Werden also diese Funktionen mit gegensätzlicher Tendenz getrennten Personen zugewiesen, so kann jede einzelne besser vertreten werden, als es im Falle der Vereinigung auf einen einzigen Arbeitsträger möglich wäre.

Man könnte so die Zentralisation der Verwaltung begründen. Es reicht aber noch nicht aus, den Inhalt der zentralen Abteilungen zu erklären, die praktisch als Personalabteilung, Haus- oder Finanzverwaltung u. ä. bekannt sind. Denn diese Abteilungen umschließen auch Beschaffungsfunktionen.[88]) Ergänzend muß also auch der Spezialisierungsgedanke bei ihrer Bildung eine Rolle spielen. Ferner erfolgt

b) Zentralisation, um Beschäftigungsschwankungen auszuschalten. Man erreicht dadurch folgendes:
   aa) Ausschaltung von Leerlauf durch die sonst zeitweise auftretende Minderarbeit.
   bb) Verminderung der Fehlleistungen, die im dezentralen Falle in den Perioden der Höchstbeanspruchung infolge Ueberarbeitung sich zu häufen pflegen.

---

[88]) Die Finanzverwaltung umschließt neben der Beschaffungsfunktion u. U. auch die durch das Rechnungswesen auszuübende Kontrolle. Das ist z. B. der Fall, wenn die Betriebsaufgabe nicht groß genug ist, um Finanzverwaltung i. e. S. einerseits und das Rechnungswesen anderseits abteilungsmäßig zu verselbständigen. Diese Zusammenfassung rechtfertigt sich durch die dem Objekt nach verwandten Funktionskreise: es steht jeweils das Finanzielle im Vordergrund.

cc) Vermeidung von körperlichen Schäden für die Leistenden, da Ueberanstrengung ihrer Kräfte vermieden wird.

Voraussetzung ist, daß die ursprünglichen Arbeitszyklen, aus denen die zusammenzufassenden Funktionen herausgetrennt werden, einen verschiedenen Rhythmus haben, dergestalt, daß in jedem dieser Zyklen die auszugliedernde Funktion zeitweilig außerordentlich häufig, zeitweilig fast gar nicht auftritt. Außerdem müssen die Zeiten der Höchst- bzw. Minderbeanspruchung in jedem der Arbeitszyklen anders gelagert sein.

Um die Vorteile, die aus dem Ausgleich der Beschäftigungsschwankungen resultieren, zu gewinnen, genügt grundsätzlich eine Zentralisation der Spitzenleistungen. Dann sind auch die Nachteile des längeren Transportweges weniger drückend, weil sie nur für die die Spitzenleistung bildenden Mengen in Frage kommen.

Werden jedoch durch die Zentralisation neben dem hier im Vordergrund stehenden noch andere Vorteile erlangt, so lohnt sich u. U. trotzdem eine totale Zentralisation.

Als Beispiel für die Zusammenfassung zwecks Ausgleichs von Beschäftigungsschwankungen kann auf die zentralen Schreibmaschinenabteilungen hingewiesen werden. Auch die Werkstattgliederung in Betrieben mit Einzelfertigung unterliegt diesem Prinzip, was wenig beachtet wird. Denn nach dem dezentralen Prinzip müßten die einzelnen Werkstätten verschiedenartige, der Herstellung eines bestimmten Erzeugnisses gewidmete Funktionen zusammenfassen, also einen vollständigen Arbeitsablauf. Tatsächlich ist jedoch jede Werkstatt auf eine oder wenige Funktionen spezialisiert. Je nach den Funktionen, die für die Herstellung der einzelnen Erzeugnisse erforderlich sind, werden für die Produktion jedes einzelnen Fabrikates die verschiedenen Werkstätten beansprucht. Diese Zentralisation der einzelnen Funktionen findet in verschiedenem ihre Rechtfertigung:

1. die für die Erfüllung der Betriebsaufgabe erforderlichen Arbeitsabläufe können bei der Organisation des Betriebes noch nicht ausreichend sicher übersehen werden, da erst abgewartet werden muß, was für Bestellungen seitens der Kundschaft aufgegeben werden. Der Organisator muß sich also darauf beschränken, die Erfüllung solcher Funktionen zu ermöglichen, die eine vielseitige Kombination zulassen. So kann der Betrieb möglichst vielen Zwecken nutzbar gemacht werden, indem, je nach den Wünschen der einzelnen Kunden, später im Wege der Disposition die Kombination der einzelnen Funktionen zu verschiedenen Arbeitsabläufen geschieht.

2. Aber selbst wenn die vom Betriebe später geforderten Leistungen eindeutig feststünden, wäre es unzweckmäßig, ihre Durchführung nach dem dezentralen Prinzip zu organisieren, denn dann müßten gleiche Funktionen an den verschiedensten Orten erledigt werden können. Da moderne industrielle Funktionsverrichtung eng an die Verwendung maschineller Hilfsmittel gebunden ist, so müßte an all jenen Orten eine entsprechende Apparatur errichtet werden, die niemals ausreichend ausgenutzt werden kann, weil der Rhythmus der einzelnen dezentralen Arbeitszyklen zumindest lang ist. Das würde zu einer unerhörten Verschwendung von Kapazität führen.

c) Zentralisation nach persönlichen Gesichtspunkten. (Individualprinzip.)[89]) Sie erlangt Bedeutung, wenn es sich darum handelt, eine tüchtige Kraft für den Betrieb zu gewinnen oder, im Falle einer Reorganisation, zu erhalten. Man berücksichtigt also die besonderen Wünsche begabter Mitarbeiter, um sie nicht zu verstimmen, da sonst die psychologische Wirkung schädlicher wäre, als der Nachteil aus dem Abweichen von den sachlichen Erfordernissen.

Meist findet die Bildung von Zentralabteilungen in verschiedenen der aufgeführten Gründe ihre Erklärung. Das kam schon zum Ausdruck, als von den Verwaltungsabteilungen gesprochen wurde. Ein besonders instruktives Beispiel hierfür bietet die Zentralisation der Schreibmaschinenarbeiten bei der Süd-Mandschurischen Eisenbahngesellschaft.[90]) Hier sind 100 Schreibmaschinen in einer Abteilung zusammengefaßt. Die Schreibarbeiten sind im Wege der Spezialisation weitgehend aufgeteilt: Eine Gruppe von Arbeitsträgern ist damit beschäftigt, Briefbogen, Kohle- und Durchschlagpapier zu Sätzen zusammenzulegen, die sie der nächsten Gruppe, den Schreibern, fertig zum Einführen in die Maschine bereit legt. Die Schreiber geben die geschriebenen Briefe einer dritten Gruppe von Funktionsträgern, die das Geschriebene liest und evtl. erforderliche Verbesserungen an einer eigens zu diesem Zweck bereitgehaltenen Maschine vornimmt. Es wird berichtet, daß diese Arbeitsregelung eine äußerst hohe Arbeitsleistung zeitigt, so daß die Arbeitszeit im Büro erheblich vermindert werden konnte. Die Vorteile liegen bei diesem Beispiel in einem Doppelten:

1. Die Zentralisation ermöglicht einen Ausgleich von Beschäftigungsschwankungen und ferner
2. eine weitergehendere Spezialisierung als im dezentralen Falle.

---

[89]) so bezeichnet es Nordsieck; vergl. Anmerkung [80]), wo die Nordsieck'schen Abteilungsbildungsprinzipien besprochen sind.

[90]) Z. f. O. 1933, S. 31.

9. Ergänzungen.

Die vorstehenden grundsätzlichen Ausführungen bedürfen noch nach verschiedenen Seiten hin der Ergänzung:

Zunächst muß bemerkt werden, daß das Zentralabteilungsprinzip in zwei Varianten erscheint:

a) als *totale* Zentralisation, wenn die Zusammenfassung auf den Gesamtbetrieb ausgedehnt ist. (Organisationsabteilung, Revision.)

b) als partielle Zentralisation, wenn sie auf Teilbereiche der betrieblichen Arbeit beschränkt ist. Sie erlangt bei Betrieben, die räumlich stark dezentralisiert sind, besondere Bedeutung. (Lokomotivreparaturwerkstätten der Reichsbahn!)

Auch bei der Anwendung des Zentralabteilungsprinzips können die entstehenden instantiellen Zuständigkeiten formal als nach Objekten oder Funktionen gegliedert erscheinen.[91])

Ergänzend muß ferner darauf hingewiesen werden, daß die beiden Abteilungsbildungsprinzipien niemals ausschließlich in reiner Form auftreten müssen. Soweit das natürliche Abteilungsbildungsprinzip betroffen ist, kam das schon zum Ausdruck: es ist zum Teil weitgehend durch Eingriffe zu Zentralisationszwecken entstellt.

Da nun mitunter Funktionen zusammengefaßt werden, die nicht umfangreich genug sind, um Inhalt einer selbständigen Abteilung zu bilden, so müssen sie anderen Abteilungen eingegliedert werden:

a) sie werden mit dem dezentralen Rest eines ursprünglichen Arbeitszyklus' zu einer Abteilung zusammengefaßt. Es kommt also auf eine Kombination des natürlichen Abteilungsbildungsprinzips [92]) mit dem Zentralabteilungsprinzip hinaus.

b) Sie werden mit anderen zentralisierten Funktionen, die ihrerseits nicht genügen, um instantiell verselbständigt zu werden, zusammengefaßt. Es werden also zentralisierte Funktionen zentralisiert.

Derartige Kombinationen sind vom Standpunkt der Spezialisierung manchmal unerwünscht. Man nimmt sie trotzdem vor, wenn sie von zwei Uebeln das kleinere sind, d. h. wenn im Falle dezentraler Funktions-

---

[91]) Diese Feststellung erlangt vor allem bei der Beurteilung der Nordsieck'schen Abteilungsbildungsprinzipien, die an anderer Stelle (Anmerkung [80]) schon gewürdigt wurden, Bedeutung; sie trägt in hohem Maße zum Verständnis unserer Kritik an Nordsieck bei.

[92]) genauer wäre es, von dem durch Ausgliederung einzelner Funktionen bereits entstellten natürlichen Ab teilungsbildungsprinzip zu sprechen. Um die an sich schon schwierigen Zusammenhänge verständlicher zu machen, ist darauf verzichtet worden.

erfüllung an vielen Stellen ein gleicher Gegensatz in der Art der Funktionen auftritt, wie im Falle der Zentralisation nur an einer Stelle.

VIII. Die Regelung der Beziehungen zwischen den einzelnen Abteilungen.

1. Das Prinzip der Einheit der Auftragserteilung.

Mit zunehmender Anwendung des Zentralabteilungsprinzips wird der Zusammenhang zwischen den einzelnen Abteilungen immer enger, weil der Geschäftsverkehr zwischen ihnen sich verdichtet. Das ist nicht unerwünscht, weil so die einzelnen Betriebsteile fester zu einer Einheit zusammengeschweißt werden können.

In dem Maße, in dem die Arbeitsbeziehungen zwischen den Abteilungen enger werden, erlangt ein neues Problem Bedeutung: Auf welchen Wegen hat dieser Geschäftsverkehr sich zu vollziehen?

Seit Fayol steht bei der Diskussion dieser Frage das Prinzip der Einheit der Auftragserteilung an hervorragender Stelle. Es besagt, daß ein Untergebener stets nur von einem Vorgesetzten Befehle erhalten darf.[93]) Es findet seine Begründung darin, daß in dem Falle, in dem ein Funktionsträger von verschiedenen Seiten her Aufträge erhält, der reibungslose betriebliche Arbeitsvollzug dadurch gefähr-

[93]) Fayol: Allgemeine und industrielle Verwaltung. S. 21. — Kosiol legt in einem Aufsatz: Organisation und Betriebswirtschaft (Die Betriebswirtschaft, 1934, S. 81 ff.) das Fayol'sche Prinzip anders aus. Er schreibt: „Henri Fayol fordert . . . in scharfer Formulierung die organisatorische Einheit der Auftragserteilung in dem Sinne, daß ein Aufgabenträger für jede Verrichtung nur von einer Instanz Anordnungen erhalten darf". Danach wäre es zulässig, daß eine Person von zwei Instanzen Befehle erhält, wenn beide Befehle verschiedene Funktionen betreffen; nun führt das, wie ohne weiteres einzusehen ist, zu ähnlichen Schwierigkeiten, wie sie auftreten, wenn zwei Instanzen die gleiche Funktion betreffende Aufträge geben. In jedem Falle wäre also die Gefahr, daß an eine Stelle sich widersprechende Befehle gelangen, nicht gebannt. Diesen Zweck verfolgt aber das Fayol'sche Prinzip, wie oben noch näher dargelegt wird. Die nicht glückliche Formulierung Fayols (Allgemeine und industrielle Verwaltung, S. 21) läßt nun tatsächlich eine Deutung, wie sie Kosiol gegeben hat, zu. Indessen, an anderer Stelle wird deutlich, daß Fayol das Prinzip der Einheit der Auftragserteilung in anderem Sinne gemeint haben muß. Auf Seite 22, gelegentlich seiner Ausführungen über das Prinzip der Einheit der Leitung schreibt Fayol: „Die Einheit der Leitung . . . . darf nicht mit der Einheit der Auftragserteilung (ein Angestellter darf nur von einem einzigen Leiter Befehle empfangen) verwechselt werden. So faßt auch Taylor das Fayol'sche Prinzip auf. Er schreibt (Taylor-Wallichs: Die Betriebsleitung, S. 51) „Die

det wird, daß die verschiedenen Auftraggeber inhaltlich sich widersprechende Anordnungen erteilen könnten. Die Werkstattleitung ordnet zum Beispiel die sofortige Ausführung einer Kernfunktion an und die Verwaltungsinstanz im selben Augenblick die Außerbetriebsetzung der zur Ausübung der Kernfunktion benötigten Maschine, weil sie reparaturbedürftig ist. Was soll der Beauftragte tun?

Will er den von seinem Vorgesetzten, dem Werkstattmeister, erhaltenen Auftrag ausführen, so muß er die Anordnung der Verwaltungsinstanz mißachten. Richtet er sich nach der Verwaltungsvorschrift, so kann er den von seinem Abteilungsleiter erhaltenen Befehl nicht ausführen.

Möglicherweise tut er angesichts des ihm unverständlichen Verhaltens der oberen Stellen gar nichts und wird gleichgültig. Die Disziplin schwindet also. Bestenfalls fragt er bei seinem Vorgesetzten zurück, wie er sich verhalten solle. Damit wird die Frage, wie derartige Konflikte vermieden werden können, akut. Sie muß auf jeden Fall gelöst werden. Bei verständiger Organisation geschieht dies von vornherein, damit nachträgliche zeitraubende und Kosten verursachende Bereinigung derartiger Zweifelsfragen ausgeschlossen ist.

Das Prinzip der Einheit der Auftragserteilung will derartige Konfliktmöglichkeiten ausschalten, indem es für den Geschäftsverkehr den Dienstweg vorschreibt. Der Dienstweg ist dadurch charakterisiert, daß jede geschäftliche Angelegenheit zwischen verschiedenen betrieblichen Stellen alle zwischen sie geschalteten Instanzen zu durchlaufen hat. Man nennt ihn deshalb auch den Instanzenweg.[94]) Es verkehrt demnach die Leitungsspitze mit den „Nur-Beauftragten" ausschließlich über die Zwischeninstanzen und umgekehrt; nebeneinandergeordnete Abteilungen verkehren so, daß die von der einen zur anderen zu gebende Nachricht zunächst an übergeordnete Instanzen solange weitergegeben wird, bis sie an jene — möglicherweise sehr hohe — Instanz gelangt, zu deren Zuständigkeitsbereich beide Abteilungen, die miteinander in Beziehung treten wollen, gehören. Diese Instanz stellt dann gleichsam die Weiche, indem sie die

---

Anschauung, daß nur einer regieren könne, daß niemals ein Arbeiter mehreren O r g a n e n zugleich unterstellt werden könne, ist so tief eingewurzelt, daß . . .".

(Sperrdruck nicht im Original, sondern vom Verfasser aus Gründen der Klarheit veranlaßt.)

[94]) Fayol sagt: (Allgemeine und industrielle Verwaltung, S. 28): „Instanzenweg oder Dienstweg ist der Weg, den die von der höchsten Autorität ausgehenden oder an sie gerichteten Nachrichten gehen, indem sie alle Stufen der Rangordnung durchlaufen." — Diese Definition ist unzureichend; sie erklärt z. B. nicht, wie Nebenstehende zu verkehren haben.

Information an jene untergeordnete Instanz gibt, von der die Abteilung, die benachrichtigt werden soll, ihre Funktionen herleitet, unter Umständen durch Vermittlung mehrerer Zwischeninstanzen. (Die nachstehende Skizze mag zum Verständnis des Dienstweges beitragen.)

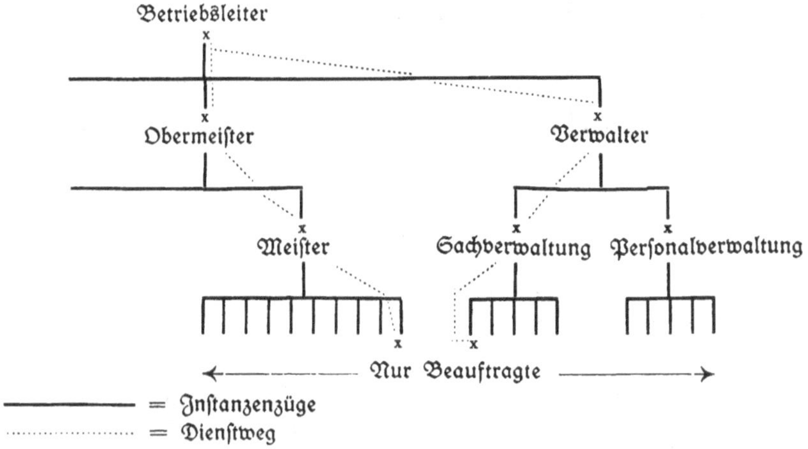

Das Prinzip der Einheit der Auftragserteilung hat zwei Folgen, über die man sich restlos klar sein muß:

1. es führt zu einer starken Belastung der höheren Instanzen, die den Geschäftsverkehr zwischen den Abteilungen zu vermitteln haben.
2. es führt zu häufig unerträglich langen Verkehrswegen. Der Betrieb wird damit schwerfällig, viele Geschäfte, deren Erfolg von schneller Erledigung abhängt, werden unmöglich; viele Aufträge haben nur Sinn, wenn sie ohne Zeitverlust an die Stellen, für die sie bestimmt sind, gelangen.

2. Der direkte Verkehrsweg.

Auch Fayol erkennt an, daß in manchen Fällen der Dienstweg nicht eingehalten werden kann.[95]) Deshalb empfiehlt er — wohlgemerkt als Ausnahme — einen anderen, direkten Verkehrsweg: auf gleicher Instanzenhöhe stehende Stellen dürfen direkt miteinander verkehren, um im Wege der Zusammenarbeit eine beide berührende Frage zu erledigen. Hat also das Verkaufsbüro einen ganz eiligen Auftrag an die Fertigungsabteilung, oder das Rohstofflager einen an die Einkaufsabteilung, dann wird dieser Auftrag nicht über den Instanzenweg geleitet, sondern

[95]) Fayol: Allgemeine und industrielle Verwaltung, S. 29.

er wird vom Verkaufsleiter direkt dem im gleichen Range stehenden Betriebsleiter gegeben bzw. vom Lagerverwalter direkt an den Einkaufs-

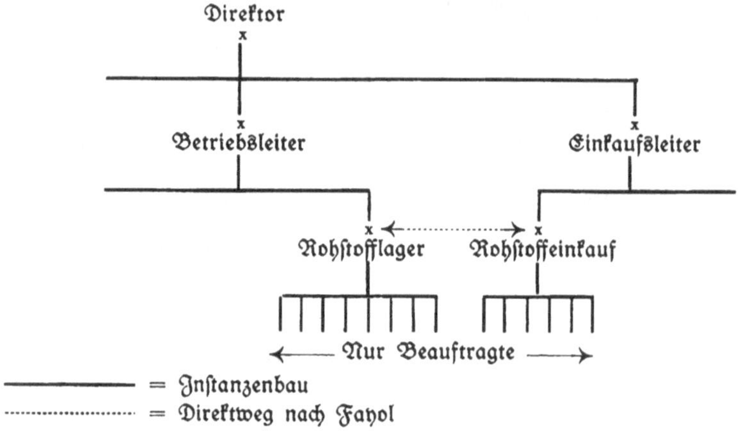

leiter (vergl. vorstehende Skizze). Fayol macht diesen Direktverkehr von der Bedingung abhängig, daß jede von den beiden Personen, die miteinander in Beziehung treten, von ihrem unmittelbar Vorgesetzten vorher dazu ermächtigt und zur nachträglichen Berichterstattung verpflichtet ist.

Der von Fayol empfohlene und praktisch überaus häufig geübte direkte Verkehrsweg ist von entscheidender Bedeutung für die Ueberwindung der mit dem Prinzip der Einheit der Auftragserteilung verbundenen schädlichen Folgen. Da das Gewicht dieser Nachteile mit wachsender Spezialisierung zunimmt, hängt von der Ueberwindung dieser Schäden gleichzeitig die Verwirklichung der Spezialisierungsidee ab. Dieser Zusammenhang erst verdeutlicht, wie wichtig die Fragen sind, die hier zu klären versucht werden.

Im Interesse einer durchgreifenden Spezialisierung muß die Forderung lauten: *der direkte Verkehrsweg muß das Normale werden, der Instanzenweg das Besondere.* Nur so fällt die für die oberen Instanzen untragbare Belastung fort, die die Vermittlung des Geschäftsverkehrs zwischen den einzelnen Abteilungen bedeutet.

Auch in diesem Falle bleiben die von Fayol für die Anwendung des direkten Verkehrsweges gestellten Bedingungen erhalten: Die Ermächtigung zum Direktverkehr wird bereits bei der Gründung organisatorisch und damit generell erteilt. Sie findet ihren Niederschlag in Dienstanweisungen. Die Berichterstattungspflicht ergibt sich dann ohne weiteres aus dem den betreffenden Funktionsträgern aufgetragenen Funktionskreis. Sie erklärt sich aus der Verantwortlichkeit für die übernommenen Funktionen gegenüber dem Vorgesetzten.

3. Der Taylor'sche Verkehrsweg.

Schon Taylor[96]) mußte im Zuge der von ihm geforderten Spezialisierung auf das Problem des direkten Verkehrsweges stoßen. Er löst es anders als Fayol. Seine Forderung nach Direktbeziehungen ist radikaler. Der von Taylor vertretene Verkehrsweg sei zum Unterschied von dem Fayol'schen als T a y l o r ' s c h e r V e r k e h r s w e g gekennzeichnet. Er unterscheidet sich von dem oben erklärten in folgendem:

Es fällt die Bedingung, daß die miteinander direkt verkehrenden Stellen auf gleicher Instanzenstufe stehen müssen. Es soll vielmehr die eine Abteilung unmittelbar mit den Untergebenen einer anderen in Beziehung treten dürfen (vergl. nachstehende Skizze). Das Arbeitsbüro er-

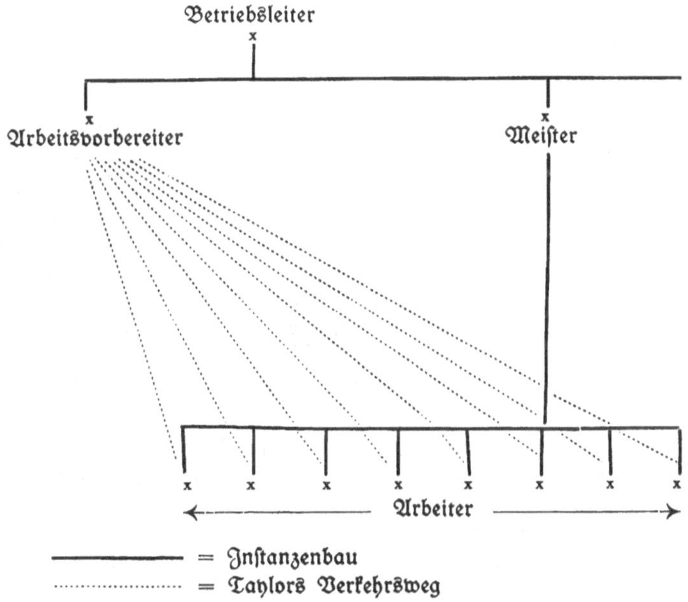

teilt zum Beispiel den in der Werkstatt arbeitenden Menschen direkt Aufträge. Nach Fayol müßte das Arbeitsbüro seine Aufträge an die be-

---

96) Taylor-Wallichs: Die Betriebsleitung (Berlin 1920); insbesondere Kapitel VI, S. 44 ff. Dort entwickelt er sein Funktionsmeistersystem.

treffenden Werkstattmeister geben, damit diese sie an ihre Untergebenen zur Durchführung weiterleiten. Diese Vermittlungstätigkeit hält Taylor für überflüssig.

Gegen diese Regelung wurde eingewendet, daß das Prinzip der Einheit der Auftragserteilung durchbrochen sei.[97]) Sie wurde aus diesem Grunde abgelehnt, weil als notwendige Folge schwindende Disziplin und dauernde Reibereien im Betrieb auftreten müßten.

Tatsächlich besteht eine Mehrheit der Auftragserteilung. In dem obigen Beispiel erhält der Werkstattarbeiter nicht nur von seinem Meister, sondern auch vom Arbeitsverteiler Anordnungen. Aber es kann nicht deutlich genug ausgesprochen werden: diese Mehrheit der Auftragserteilung besteht in gleicher Weise beim Fayol'schen Verkehrsweg. Sie ist das Charakteristikum jedes direkten Verbindungsweges! Denn würde der Auftrag des Arbeitsverteilers durch den Meister vermittelt, so würde zwar für den Werkstattarbeiter die Einheit der Auftragserteilung wiederhergestellt sein; dafür würde nun aber der vermittelnde Meister von mehreren Seiten her Aufträge erhalten: einmal von seinem Vorgesetzten, dem Obermeister oder Betriebsleiter, sodann von dem nebengeordneten Arbeitsverteiler.

Scharfsinnige Leser mögen nun einwenden, daß die vorliegenden Ausführungen auf einer nicht ganz exakten Auffassung des Prinzips der Einheit der Auftragserteilung beruhten. Denn es verlange, daß ein Untergebener nur von einem einzigen Vorgesetzten her Aufträge erhalten dürfe. Da im Falle des Fayol'schen Direktverkehrs außer dem Vorgesetzten nur nebengeordnete Stellen Aufträge erteilen dürfen, sei demnach das Einheitsprinzip nicht durchbrochen. Anders sei die Situation bei Taylor: Hier gehören die auftraggebenden Stellen einer höheren Instanzenstufe an als die Beauftragten. Hier seien demnach tatsächlich mehrere Vorgesetzte für ein und denselben Untergebenen festzustellen. —

Der Einwand überzeugt nicht. Es ist ein Irrtum, die verschiedenen Auftraggeber beim Taylor'schen System durchweg für Vorgesetzte zu halten, nur deshalb, weil sie eine höhere Rangstufe einnehmen. Vorgesetzter ist ausschließlich der, welcher befugt ist, auf den Untergebenen disziplinarisch einzuwirken, d. h. ihn anzuhalten, die ihm — gleichgültig durch wen — übertragenen Funktionen gewissenhaft zu erledigen.[98]) Diese Befugnis hat ausschließlich für den in der Werkstatt Arbeitenden

---

[97]) Diesen Einwand macht auch Fayol (Allgemeine und industrielle Verwaltung, S. 55.)

[98]) In diesem Zusammenhang sei an das über das Vorgesetzten-Untergebenen Verhältnis Gesagte erinnert.

sein Werkstattmeister. Dessen Funktionskreis wird ja beim Taylor'schen Funktionsmeistersystem gerade hierauf beschränkt. Die Beziehungen der anderen Stellen zu unserem Werkstattarbeiter haben nicht disziplinarischen, sondern organisatorischen Charakter.

Durch diese wichtige Feststellung ist das anfangs so scharfsinnig anmutende Argument erledigt. Es folgt aus all dem: entweder man wirft dem Taylor'schen System ebensowenig wie dem Fayol'schen vor, daß es die Einheit der Auftragserteilung verletze, oder man anerkennt in beiden Fällen die Durchbrechung des Einheitsprinzips.

Zunächst muß die Mehrheit der Auftragserteilung als eine notwendige Begleiterscheinung der direkten Verkehrsbeziehungen anerkannt werden. Wenn damit auch nicht notwendig die aus diesem Tatbestand gefolgerten Schäden eintreten müssen, so kann doch nicht geleugnet werden, daß die Gefahr einer die betriebliche Arbeit störenden Auftragskonkurrenz zwischen den verschiedenen Auftraggebern gegeben ist.

4. Das Abstimmungsproblem.

Es ist Sache des Organisators, derartige Gefahren zu bannen. Die Fragestellung lautet: wie können die von verschiedenen Seiten ausgehenden Aufträge aufeinander abgestimmt werden? Es ist dies eines der Kernprobleme moderner Organisation, denn von dessen befriedigender Lösung hängt der Erfolg aller Organisation ab, die die Spezialisierungsidee verwirklichen will.

Bei der Lösung des Abstimmungsproblems ist folgendes zu beachten:

a) es müssen die Kompetenzen der einzelnen Stellen ganz scharf geschieden werden. Ueber keine Funktion eines Arbeitsablaufs darf Unklarheit herrschen, zu wessen Arbeitsbereich sie gehört. Diese genaue Abgrenzung der Zuständigkeiten ist nur für die laufende Arbeit einwandfrei lösbar. Sie ist hier auch praktisch in den Betrieben gelöst, wenn auch oft erst durch nachträgliche Korrekturen, hervorgerufen durch zutage getretene Kompetenzstreitigkeiten. Schwierig wird die Frage bei nicht normaler Arbeit, bei dem Besonderen. Da sie nicht ausreichend sicher im voraus erfaßt werden kann, kann sie auch nicht organisatorisch geregelt werden. Es muß hier immer wieder zu Kompetenzstreitigkeiten kommen, wenn sie im Direktverkehr erledigt wird. Um diese Reibereien zu vermeiden, muß für die außergewöhnliche Arbeit der Instanzenweg vorgeschrieben werden. Höhere Instanzen werden dann diese Arbeiten im Wege der Disposition verteilen.

b) *Für die Lösung des Abstimmungsproblems ist das Zeitmoment zu beachten.* Zwischen zwei Möglichkeiten ist die Wahl:

aa) die von verschiedenen Seiten kommenden Aufträge sind nur dem Inhalt, der Art nach bestimmt. Die Zeitdisposition, d. h. die Bestimmung der Reihenfolge, in der ein Beauftragter die Anordnungen erledigen soll, ist ihm selbst überlassen.

bb) die von verschiedenen Seiten kommenden Aufträge sind nicht nur der Art nach, sondern auch terminmäßig festgesetzt. Hier tritt das Abstimmungsproblem in seiner vollen Bedeutung zutage. Die verschiedenen Aufträge müssen zeitlich so verteilt sein, daß der Beauftragte laufend gleichmäßig beschäftigt ist. Es darf nicht geschehen, daß alles auf einmal erledigt werden soll, dann kommt es zu den gegeißelten Mißständen.

Die terminmäßige Abstimmung kann entweder so erfolgen, daß die verschiedenen auftraggebenden Arbeitsträger sich zusammensetzen, um sich im Wege einer gemeinsamen Aussprache über die Termine zu einigen (Konferenzprinzip); oder so, daß eine besondere Stelle alle zu erteilenden Aufträge zeitlich disponiert (Prinzip der zentralen Auftragsabstimmung). Die erste Art der Regelung birgt in sich die Kompromißgefahr. Bei der zweiten Methode ist dies ausgeschlossen; sie hat außerdem für sich den Vorzug der Objektivität, da sie an keinem der Aufträge ein bevorzugtes Interesse hat. Taylor entschied sich für dies zweite Verfahren.

Die terminmäßig fixierte Auftragserteilung ist bei der Anwendung der Taylorwege unerläßlich, also dann, wenn der Arbeitsvorbereiter — um bei dem bereits erwähnten Beispiel zu bleiben — seine Aufträge ohne Vermittlung des Meisters gibt. Denn der Arbeiter hat nicht die nötige Einsicht und Uebersicht, die Termine zu disponieren.

Die Terminfestlegung ist nebensächlicher, wenn die Fayol'schen Verkehrswege zur Anwendung gelangen, weil Abteilungsleiter regelmäßig mehr Uebersicht über die zusammenarbeitenden Abteilungen haben und besser als ihre Untergebenen das Wichtige vom Unwichtigen, das Eilige vom Weniger-eiligen unterscheiden können.

Die terminmäßige Abstimmung setzt voraus, daß die Aufträge, die an eine bestimmte Stelle zu geben sind, genügend lange im voraus erfaßt werden können. Ist das nicht möglich, so wird die Abstimmung illusorisch, da sie durch dauernd neu hinzukommende Aufträge immer wieder über den Haufen geworfen wird. Diese Bedingung ist oft nicht gegeben, so daß die terminmäßige Festlegung der Aufträge nicht möglich ist. Diese Tatsache erklärt die überwiegende Ablehnung des Taylor'schen Verkehrsweges zu Gunsten des von Fayol empfohlenen.

Für die Werkstattarbeit scheint die Vorauserfassung aller an die Arbeiter zu erteilenden Aufträge noch am meisten möglich. Sie wird hier auch praktisch gehandhabt.

Das Taylor'sche Funktionsmeistersystem ist also nicht in Bausch und Bogen abzulehnen. Wenn davon berichtet wird, daß Betriebe mit ihm schlechte Erfahrungen gemacht haben, so liegt es daran, daß es unüberlegt übernommen wurde, ohne zu prüfen, ob die Voraussetzungen dafür vorhanden waren. Die entstandenen Fehler sind dann allerdings weniger dem System zuzuschreiben. Ihm kann man lediglich zum Vorwurf machen, daß die Spezialisierung übertrieben wird (8 Funktionsmeister!), wodurch die erforderliche Abstimmung besonders erschwert ist. Dieser Mangel ist indessen nicht grundsätzlicher Art. Wichtig ist, daß die Taylor'sche Idee richtig war. Sie hat sich deshalb auch — trotz allem — durchgesetzt. Moderne Organisation hat sie zur Grundlage.

5. Beschwerdewege.

Die zunehmende Spezialisierung und die damit verknüpfte mehrseitige Auftragserteilung verlangt strengste Disziplin von allen für die Lösung der Betriebsaufgabe herangezogenen Menschen. Denn die starke gegenseitige Abhängigkeit der einzelnen Arbeitsträger führt dazu, daß ein Versagen an einer Stelle nicht lokalisiert bleibt, sondern weite Kreise zieht und somit den ganzen Betrieb gefährdet.

Es wird die unerläßliche Voraussetzung für eine erfolgreiche Aufgabenlösung, daß jeder einzelne Betriebszugehörige die erhaltenen Aufträge gewissenhaft erfüllt. Keiner darf über seine Kompetenzen hinausgreifen, es darf sich aber auch niemand vor der ihm übertragenen Arbeit drücken. Die Verwirklichung dieser Forderungen ist gar nicht so einfach. So schreibt Wlach [99]): „Unter den Abteilungsleitern jeden Betriebes kann man zwei Menschentypen unterscheiden: solche, die das Bestreben haben, möglichst viel Verantwortlichkeiten an sich zu reißen, und solche, die bemüht sind, die Verantwortlichkeit nach Möglichkeit von sich abzuwälzen." Sollen derartige gefährliche Entwicklungen nicht zum Durchbruch gelangen, so müssen die einzelnen Funktionsträger daraufhin scharf überwacht werden. Das Aufsichtsproblem erlangt also besondere Bedeutung.

Trotz sorgfältiger Ueberwachung der Arbeitsträger muß mit der Möglichkeit gerechnet werden, daß vereinzelt die Funktionserfüllung nicht

[99]) Wlach: Darstellung von Betriebsbeziehungen kompositorisch oder im Netz? (Z. f. O. 1932, S. 174.)

einwandfrei geschieht, so daß Störungen im Arbeitsablauf eintreten. Um sie auf dem schnellsten Wege zu beseitigen, ist es nötig, hierfür die Initiative der durch die Störung Betroffenen nutzbar zu machen:

a) die störende Stelle tut weniger als sie soll. Die Verzögerung kann auf verschiedenen Wegen behoben werden:

aa) der nächstfolgende Sachbearbeiter, der an die Arbeit der störenden Stelle anknüpft, setzt sich direkt mit dem Säumigen in Verbindung und mahnt ihn.[100]) Möglicherweise spricht er sich mit ihm aus, um im Wege gütlicher Einigung (Kompromiß) zu einem positiven Ergebnis hinsichtlich des Uebergabetermins für die rückständige Arbeit zu kommen.

bb) Der benachteiligte Sachbearbeiter meldet die mangelhafte Zuleitung der benötigten Arbeitsobjekte seinem Chef. Dieser setzt sich entsprechend aa) mit dem Leiter der säumigen Stelle in Verbindung. Je nach dem Ergebnis dieser Unterredung setzt sich der Vorgesetzte des Säumigen für die Behebung des Mangels ein oder nicht.

cc) Die Störungsmeldung geht sofort den Instanzenweg. Dieser Weg ist zweifellos der wirkungsvollste. Er ist aber mitunter sehr zeitraubend.

Für welchen Weg man sich im Einzelfalle entscheidet, ist verschieden; es hängt wesentlich von den beteiligten Personen ab.

b) Die störende Stelle tut mehr als sie soll.

Die Möglichkeiten zur Behebung des Fehlers sind denen zu a) analog.

Eben standen Beschwerden sachlicher Art, d. h. solche, welche die betriebliche Arbeit betreffen, im Vordergrund. Von ihnen sind Beschwerden persönlicher Art zu unterscheiden. Für sie gibt es, wenn der normale, d. h. der Dienstweg ohne Erfolg oder zu zeitraubend ist, als besonderen Beschwerdeweg den Appell an die Personalabteilung. Diese versucht, bevor sie über die Vorgesetzten der Beschwerdestelle eingreift, meist mit Erfolg, eine Schlichtung der streitigen Angelegenheit.[101])

[100]) da er nicht Vorgesetzter ist, kann er nicht fordern.

[101]) Die Frage des Beschwerdewegs für persönliche Anliegen hängt auch von der organisatorischen Stellung der Personalabteilung ab, die

a) nach dem Prinzip des Personalchefs (selten!) organisiert sein kann, was dazu führt, daß der Personalchef oberster Vorgesetzter aller Angestellten mit Ausnahme der Bevollmächtigten ist, oder

b) nach dem Prinzip des Personalreferates (normal!), wo die Personalabteilung lediglich Verwaltungsstelle ist. Die Vorgesetztenverhältnisse richten sich hier also nach dem Instanzenbau.

Vergl. hierzu Richter: Der organisatorische Aufbau der Verwaltung in industriellen Unternehmungen und Konzernen. (Die Betriebswirtschaft; 1931, S. 162 ff.)

6. Das Prinzip der Information.

Es wurde bei der Besprechung der direkten Verkehrswege die Frage der Auftragserteilung in den Vordergrund gestellt. Das findet seine Berechtigung darin, daß hierbei die Problematik der Direktbeziehungen klar sich zeigt. Daneben spielen noch Beziehungen beratender oder informatorischer Art eine Rolle. Neue Probleme tauchen hierbei nicht auf. Zur Charakteristik diene folgendes:

Durch ratgebende Stellen wird für die beratenen Arbeitsträger die Einheit der Auftragserteilung nicht durchbrochen. Denn der Rat ist kein Auftrag. Es steht also dem Beratenen frei, die erhaltene Information zu verwerten oder nicht. Dementsprechend sind auch die Verantwortlichkeiten gelagert: für die seitens des Beratenen erlassenen Aufträge ist er allein verantwortlich. Nur, soweit ein Auftrag zwecks Verwirklichung eines erhaltenen Ratschlags erteilt ist oder auf einer erhaltenen Information beruht, kann sich der Beratene von der Verantwortung entlasten. Sie fällt in dem Maße auf die beratende Stelle, als sie unmittelbar den Auftrag verursacht oder seinen Inhalt beeinflußt hat.

Für die ratgebende Stelle jedoch wird auch bei informatorischen Direktbeziehungen die Einheit der Auftragserteilung durchbrochen. Dann nämlich, wenn sie durch andere Arbeitsträger um Information ersucht wird. Dies Ersuchen bedeutet für sie Erteilung eines Auftrags: die ratgebende Stelle ist zur Raterteilung verpflichtet. Nur, wenn sie nicht erst auf Anruf, sondern aus eigener Initiative tätig wird, ist diese Mehrheit der Auftragserteilung nicht gegeben.

Die informatorischen Beziehungen haben keine selbständige Bedeutung. Sie leisten aber ergänzend, in Verbindung mit der Auftragserteilung wertvolle Dienste.

IX. Die richtige Instanzenhöhe.

1. Das Problem.

In dem Streben nach Spezialisierung steckt die Tendenz, möglichst wenig Arbeitsträger nacheinander zu ordnen, vielmehr recht viele nebeneinander zu gruppieren. Denn, wie bei der Erörterung des Instanzenbaus zum Ausdruck kam, müssen übergeordnete Verantwortungsbereiche stets mehrere untergeordnete umschließen. Sie müssen also weniger spezialisiert sein. Es besteht demnach ein Interesse an einem niedrigen, sehr breit gelagerten Instanzenbau (vergl. umstehende Skizze).

Die zunehmende Nebeneinanderordnung von Arbeitsträgern anderseits führt zu einer Ueberlastung der Instanzen, als Folge davon zu ungenügender Ueberwachung der Funktionsträger, zur Disziplinlosigkeit,

Kompetenzstreitigkeiten; kurz, die gesamte betriebliche Arbeit wird gefährdet. Um dies zu vermeiden, besteht ein Interesse an einem weniger breiten Instanzenbau, der dafür entsprechend höher ist (vergl. die folgende Skizze).

Skizze 1

Skizze 2

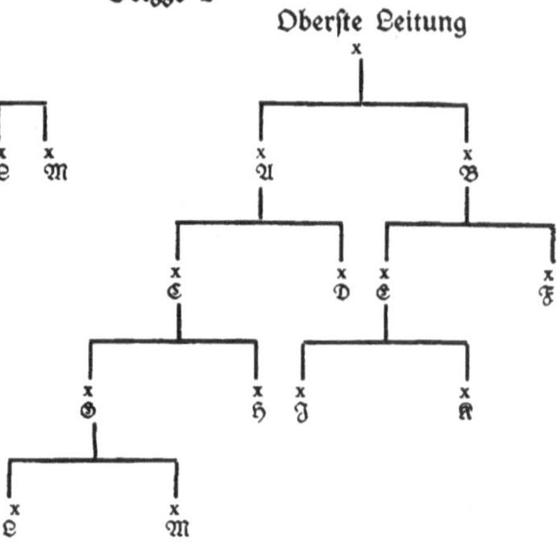

Die optimale Verbindung der hier skizzierten Gegensätze bildet den Inhalt des Problems der richtigen Instanzenhöhe.

Zur Klärung diese Frage muß untersucht werden, wieviel Personen ohne Gefahr einer Instanz unterstellt werden können. Hierbei spielt mehreres eine Rolle:

a) Die Individualität aller an der Aufgabenlösung beteiligten Arbeitsträger. Hierüber kann also eine generelle Aussage nicht gemacht werden.

b) Die Zeit, die einer Instanz für die Ausübung der Ueberwachungsfunktionen zur Verfügung steht. Welche Funktionen hat nun eine Instanz zu erfüllen und wieviel von der gesamten zur Verfügung stehenden Arbeitszeit entfällt auf jede einzelne?

2. Die Funktionen der Instanz.

Die wesentlichen Funktionen der Instanz sind:

a) I n i t i a t i v e. Sie hat für die Leitungsspitze überragende Bedeutung, denn sie bildet die einzige Quelle aller ihrer Anordnungen. Für die nachgeordneten Instanzen ist das anders: bei ihnen wird ein erheblicher Teil der Anordnungen durch die vom Vorgesetzten oder einer nebengeordneten Stelle erhaltenen Aufträge ausgelöst. Nur der Rest

der Anordnungen entspringt eigener Initiative, mit dem Ziel, festgestellte unzureichende Ausführung der den Untergebenen aufgetragenen Arbeiten zu beheben oder Anordnungen, die sich als unzweckmäßig erwiesen haben, zu korrigieren.
Somit kann die für die Ausübung der Initiativfunktion erforderliche Zeit bei den Zwischeninstanzen erheblich geringer sein, als bei der Leitungsspitze.

Noch ein anderer Umstand ändert den Zeitanteil, den die Initiativfunktion beansprucht. Zur Initiative bietet sich in dem Maße weniger Möglichkeit, als der Zuständigkeitsbereich einer Stelle eingeengt wird. Daraus folgt, daß die für die Ausübung der Initiativfunktion erforderliche Zeit um so knapper bemessen sein kann, je niedriger der Rang einer Instanz ist.

Als zweite wichtige Funktion der Instanz gilt:

b) Anordnung. Es ist kaum möglich, allgemeines über den Zeitanteil, den diese Funktion beansprucht, auszusagen. Zahl und Art der Anordnungen sind wesentlich von dem Ziel, zu dessen Verwirklichung sie dienen, abhängig. Hinzu kommt, daß die Auftragserteilung mehr oder weniger Planarbeit erfordert. Lediglich aus der Tatsache, daß gerade in den Fällen, in denen die Planarbeit besonders zeitraubend ist, sie zwecks Entlastung der Instanzen ausgegliedert wird, um in Zentralabteilungen verselbständigt zu werden, läßt sich — unter gewissen Vorbehalten — eine gewisse Nivellierungstendenz in dem für die Ausübung der Anordnungsfunktion benötigten Zeitbedarf bei den einzelnen Instanzen ableiten: Stellen, die weniger anzuordnen haben, können mehr selbst planen als andere, die viel Aufträge zu erteilen haben.

Nur für die obersten Instanzen wird die Beanspruchung durch diese Funktion geringer sein müssen, weil sie sonst ihre anderen Funktionen nicht mehr ausreichend erfüllen können.

c) Ueberwachung. Diese Funktion ist für alle Instanzen von eminenter Bedeutung. Jede Initiative beruht auf der vorangegangenen Beobachtung einer Abweichung des Tatsächlichen vom Erwarteten. Da ohne Initative schließlich auch nicht mehr die Anordnungsfunktion denkbar ist, so zeigt sich, daß Ueberwachung die Grundlage aller instantiellen Arbeit ist. Es müssen

aa) die Untergebenen beaufsichtigt werden,
ob sie die Aufträge ordnungsgemäß durchführen,
wie ihr persönliches Befinden ist,
wie die Gesamtstimmung der Untergebenen. Ferner:

bb) Beobachtung des Verhältnisses zu anderen Instanzen, mit denen jede einzelne zusammenarbeitet.

Die Zeit, die für die Zwecke der Ueberwachung erforderlich ist, hängt wesentlich von der Größe des Beobachtungsfeldes ab. Sie nimmt also für höhere Instanzen zu, so daß der Zeitanteil, der zur Ausübung der Ueberwachung beansprucht wird, bei obersten Instanzen besonders groß sein muß. Tatsächlich steht aber gerade bei ihnen nur relativ wenig Zeit zur Verfügung, da die anderen Funktionen ebenfalls erhebliche Zeit erfordern. Dies erklärt die in anderem Zusammenhang erwähnte Notwendigkeit des Ersatzes persönlicher Ueberwachung durch das Rechnungswesen. Die Stellen, denen die Handhabung des Rechnungswesens übertragen ist, haben in knappen Zahlenzusammenstellungen die obersten Instanzen über die Betriebssituation zu informieren. So wird, trotz der knappen Zeit, die zur Verfügung steht, eine Uebersicht über die wesentlichen Entwicklungen im Betriebe ermöglicht.

d) Für einzelne höhere Instanzen kommt zu den aufgezählten Funktionen noch als viertes hinzu: Vertretung der Betriebsgemeinschaft nach außen hin, Repräsentation. Die Zeit, die hierfür erforderlich ist, muß unter Umständen den anderen noch entzogen werden.

3. Folgerungen.

Trotz der Unsicherheitsmomente, die in der vorliegenden Untersuchung stecken, kann man den folgenden Schluß ziehen: Je niedriger der Rang ist, den eine Instanz einnimmt, um so mehr unmittelbar Untergebene können ihr unterstellt werden. Damit sinkt die Zahl derer, die der Leitungsspitze unmittelbar unterstellt werden können, mit zunehmender Betriebsgröße. So erklärt sich auch die Feststellung Robinsons,[102]) daß in Großbetrieben 3—6 Abteilungen der Leitungsspitze unterstehen könnten, in kleineren dagegen 8—10. Interessant ist, was Jones [103]) über den hier diskutierten Zusammenhang sagt: das Verhältnis von Uebergeordneten zu Untergebenen schwankt zwischen 1:5 bis 1:25. Untere Instanzen, z. B. Werkstattmeister, können 10 bis 25 Mann unter sich haben, höhere Instanzen, bei denen jeder Untergebene einen bestimmten Funktionenkomplex repräsentiert, etwa 1—5. An anderer Stelle berichtet er: der Präsident der Western Electric Company hatte 1922 = 8 oder 9 direkt Untergebene und fand diese Zahl zu groß. Er reorganisierte seinen Betrieb so, daß ihm nur noch 4 oder 5 unmittelbar nachgeordnet waren.

Ohne nähere Begründung nimmt Fayol [104]) an, daß alle Instanzen, gleich welcher Rangstufe, die gleiche Zahl direkt Untergebener haben,

---

[102]) Robinson: Fundamentals ... S. 64.

[103]) Jones: The administration of industrial enterprises. (New York and London 1925) S. 150.

[104]) Fayol: Allgemeine und industrielle Verwaltung, S. 45.

und zwar 2—5, im Durchschnitt 4. Ausgenommen von diesem Verhältnis ist die letzte Instanz, der „Nur-Beauftragte" unterstehen. Hier beträgt nach Fayol die Zahl 10—30, im Durchschnitt 15. Er konstruiert aus diesen Zahlen eine geometrische Progression mit dem Anfangsglied 15 und dem gemeinschaftlichen Faktor 4. — So streng läßt sich der Zusammenhang keinesfalls fassen.

4. Abteilungsgliederungen.

Die Leitungsspitze kann nur eine geringe Zahl unmittelbare Untergebener haben. Besonders interessant ist deshalb, zu wissen, welche Abteilungsleiter dies sein könnten? Auch hierüber läßt sich prinzipiell wenig sagen. Es müssen diejenigen Abteilungen sein, die der Leitungsspitze in hervorragendem Maße Material liefern, auf dem sie ihre Entschlüsse gründet. Das wären also vor allem Abteilungen, die die finanzielle Entwicklung des Unternehmens verfolgen.

So erklärt sich die in der amerikanischen Literatur immer wieder empfohlene Dreigliederung der betrieblichen Arbeit:

Finanzierung, Produktion, Vertrieb.

Es ist jedoch gefährlich, derartige Standardgliederungen zu geben. Es darf nie vergessen werden, daß jede Organisation individuell ist. Somit muß auch die Abteilungsgliederung den Eigenarten jedes einzelnen Betriebes entsprechen. Es ist deshalb kein Wunder, daß man sich auf keine einheitliche Gliederung zu einigen vermag [105]): es gibt nur wenige Autoren, die völlig übereinstimmende Gliederungen vorschlagen.[106])

Der Beweis der Individualität ist eigentlich durch die vorangegangenen Ausführungen über die Abteilungsbildung schon erbracht. Trotzdem sei er noch durch einige praktisch durchgeführte Abteilungsgliederungen erhärtet:

a) Hauptgliederung eines Fabrikbetriebes.[107])

---

[105]) So schreibt Kimball (Prinziples . . S. 93): „Other writhers give other combinations of basic functions but, as has been stated, it is difficult to make a classification that will apply to more than a few cognate lines of industry. An organic function that may be highly important in one line of work, may be quite subordinate in another depending upon the size and character of the enterprise"; (die „basic functions" sind als Zentralabteilungen aufzufassen, in denen im Interesse wirkungsvoller Spezialisierung gleiche oder ähnliche Funktionen aus dem gesamten Betriebsbereich zusammengefaßt sind.)

[106]) Unter 30 untersuchten Gliederungen waren 28 verschiedenartige Abteilungen festzustellen, die je 2 bis 9 kombiniert waren!

[107]) Le Coutre: Betriebsorganisation. S. 155.

Generaldirektor

kaufmännischer | technischer | Betriebs-Direktor

b) Hauptgliederung eines Handelsbetriebes (Einheitspreisgeschäft mit 3403 Personen.[108])

Konferenz der 4 Direktoren

Einkauf (1 Direktor) | Verwaltung (1 Direktor) | Verkauf (2 Direktoren)

c) Hauptgliederung eines Verkehrsbetriebes (Reichsbahn).[109])

Generaldirektor

ständiger Stellvertreter

Verkehrs- und Tarifbildung | Betriebs- und Bauabteilung | Maschinentechn. Abteilung | Finanz und Rechtsabteilung | Personal-Abteilung | Verwaltungs-abteilung | Einkaufs-abteilung

d) Hauptgliederung einer Bank.[110])

Vorstand

Kreditgeschäft (1. Direktor) | Geld u. Kapitalmarkt (2. Direktor) | Betriebsorganisation (3. Direktor) | Auslandgeschäft (4. Direktor)

X. Organisationstypen.

1. Linienorganisation.

Die amerikanische Organisationswissenschaft unterscheidet drei Typen,[111]) nach denen die einzelnen Funktionen verteilt und die mit ihrer Erledigung betrauten Personen zu harmonischer Einheit zusammengefaßt

---

[108]) Nordsieck: Die Arbeitsaufgaben und ihre Verteilung. (im Handbuch des Einzelhandels, S. 233)

[109]) Reichsbahn-Handbuch 1927; S. 9/10.

[110]) Le Coutre: Betriebsorganisation. S. 153.

[111]) Es fehlt jedoch an einer klaren Herausarbeitung ihrer Eigenarten. Zur Erklärung werden meist Skizzen zu Hilfe genommen, aus denen zwar Schlüsse über die äußere Erscheinung des betr. Organisationstyps gezogen werden können, nicht aber über seine inneren Beziehungen. Es ist deshalb bezeichnend, daß die Erläuterungen, die zu den Skizzen gegeben werden, mit dem Ziel, die einzelnen Typen genauer zu kennzeichnen, wiederholt Widersprüche aufweisen.

werden können. Im Vordergrund stehen die militärische oder Linien-Organisation und die funktionale Organisation (auch Staborganisation genannt). Sie bilden zueinander Gegensätze. Hieraus erklärt sich der dritte Organisationstyp: die Linien- und Stab-Organisation. Sie soll ein Kompromiß zwischen den beiden anderen sein.

Die Linienorganisation ist von der Disziplinidee beherrscht. Denn undiszipliniert können Menschen, vor allem in großen Massen, nicht für ein gemeinsames Ziel eingesetzt werden. Diese Grundeinstellung verlangt die restlose Anerkennung des Prinzips der Einheit der Auftragserteilung: so scheidet man selbst die Möglichkeit von Reibereien aus, die ja beim direkten Verkehrsweg nicht geleugnet werden kann und die von den Verfechtern des Linientyps für sehr groß gehalten wird. Wird aber das Prinzip der Einheit der Auftragserteilung anerkannt, so ist für die Spezialisierung wenig Raum, weil der damit verbundene umfangreiche Verkehr zwischen den zusammenarbeitenden Betriebsstellen die höheren Instanzen in unerträglicher Weise mit Vermittlungsarbeit belasten würde. Damit hat auch das Zentralabteilungsprinzip in diesem System keinen Raum. Bevorzugt wird das natürliche Abteilungsbildungsprinzip. Da auch hier noch in gewissem Grade Spezialisierung denkbar ist, nämlich, wenn die Prozeßgliederung nach Funktionen geschieht, so muß bei der natürlichen Abteilungsbildung vor allem das Objektprinzip im Vordergrund stehen. Die Linienorganisation zeigt im Ergebnis folgendes Bild:

a) Aufträge gehen den Instanzenweg (also in geraden, senkrechten Linien!).

b) Auf gleicher Instanzenstufe stehende Arbeitsträger sind in ihrer Arbeit ganz oder nahezu unabhängig voneinander. Jeder von ihnen hat einen selbständigen, vielerlei Funktionen umschließenden Arbeitsbereich.

c) Personen der gleichen Rangordnung haben verhältnismäßig gleichartige Funktionen zu erfüllen (als Folge der Objektgliederung, vor allem, wenn sie als Mengenteilung zu denken ist).

d) Die Spezialisierung ist wenig durchgebildet. Sie wird vor allem in horizontaler Richtung vermieden (also bei der Verteilung auf Nebeneinandergeordnete). Sie besteht mehr in vertikaler Hinsicht, indem die oberen Instanzen leitende Funktionen zur Selbsterledigung zurückbehalten und vorzugsweise ausführende Funktionen an Untergebene übertragen. Diese Spezialisierung ist aber unzureichend, da die Zuständigkeitsbereiche der oberen Instanzen zu vielseitig sind, als daß die zur Selbsterledigung behaltenen Funktionen wirklich fachmännisch erledigt werden könnten.

Die Linienorganisation sichert ganz vorzüglich die Disziplin unter den für die Aufgabenlösung eingesetzten Menschen. Sie ist jedoch nur in beschränktem Umfange anwendbar

a) weil die Spezialisierung zu stark vernachlässigt wird, ohne die komplizierte Aufgaben nicht gelöst werden können ;
b) weil die Leitung so organisierter Betriebe zu schwerfällig ist. (Stets muß der Dienstweg beachtet werden!).

Die Aufgaben des alten Heeres mögen so geartet gewesen sein, daß sich diese Organisationsform für geeignet erwies. Die der modernen Armee sind es nicht mehr. Hier setzen sich schon bewußt Spezialisierungstendenzen durch, die vom reinen Linientyp fortführen. Es wird die Linienorganisation mit planenden Stäben, in denen Spezialisten arbeiten, kombiniert. —

2. Funktionale Organisation.

Das Gegenstück zur Linien- bildet die funktionale Organisation. Dieser Typ beruht auf der klaren Erkenntnis der Bedeutung der Spezialisierung für wirkungsvolle Arbeitsleistung. Die Spezialisierungsidee steht deshalb im Mittelpunkt. Im Interesse ihrer Verwirklichung werden die direkten Verkehrswege gebilligt und wird das Zentralabteilungsprinzip bevorzugt. Als Folge davon werden die von der Linienorganisation her bekannten vielseitigen Abteilungsbereiche aufgegliedert. Im Ergebnis ergibt sich folgendes Bild:

a) Jeder einzelne Arbeitsträger — gleichgültig, ob Instanz oder „Nur-Beauftragter" — erledigt nur eine bzw. mehrere gleiche oder ähnliche Funktionen.
b) Auf gleicher Instanzenhöhe stehende Personen haben verschiedene, complementäre Funktionen zu erfüllen.
c) Jede einzelne Person im Betriebe ist in ihrer Arbeit von vielen anderen abhängig. Sie erhält demzufolge von verschiedenen Seiten her Aufträge, gibt aber auch ihrerseits welche an viele andere Betriebsstellen, die anderen Abteilungen zugehören. (Es besteht also eine aus der Anwendung der direkten Verkehrswege resultierende Mehrheit der Auftragserteilung).

Der Vorteil dieses Organisationstyps ergibt sich ohne weiteres aus der systematischen Arbeitsteilung: sie sichert nicht nur sachverständige und damit qualitativ hochwertige sondern auch schnelle Funktionserfüllung.

Man klagt jedoch darüber, daß diese Organisation nicht ausreichende Disziplin sichere.[112]) Das wird in erster Linie dem Umstande zu-

[112]) Kimball meint (Prinziples . . . S. 97): „The greatest disadvantage of the system is that it tends to become unstable because of the wea-

zuschreiben sein, daß die mit der Anwendung der direkten Verkehrswege verbundenen Probleme nicht klar genug erfaßt sind. Es wurde aber in dem Kapitel über die Regelung der abteilungsmäßigen Beziehungen dargelegt, daß die bei der Anwendung der Direktwege drohenden Nachteile, zu denen ja die schwindende Disziplin zu rechnen ist, sehr gut vermieden werden können. Hierbei spielt das Abstimmungsproblem und das der Aufsicht eine besondere Rolle.

Eine klare Stellungnahme zur funktionalen Organisation wird vor allem dadurch erschwert, daß bei ihrer Darstellung niemals genügend klar zum Ausdruck gebracht wird, welche von den möglichen Direktwegen eigentlich zur Anwendung gelangen sollen. Da man sie als eine Fortentwicklung des Taylor'schen Funktionsmeistersystems bezeichnet, unterstellt man, daß auch der Verkehr zwischen den zusammenarbeitenden Betriebsstellen auf den Taylor'schen Verkehrswegen vor sich zu gehen habe. Darin liegt ein fundamentaler Irrtum, denn es würde dies eine völlig sinnlose Verallgemeinerung eines nur für Einzelfälle geeigneten Systems bedeuten.

Nicht die Taylor'schen Direktwege bilden das Charakteristikum der funktionalen Organisation. Entscheidend ist vielmehr der Spezialisierungsgedanke, die Gliederung der zu leistenden Arbeit nach Funktionen.[113]) Damit zusammenhängend taucht das Problem des Direktverkehrs auf. Die Notwendigkeit direkten Verkehrs zwischen den einzelnen Arbeitsträgern ist somit zweites Hauptmerkmal der funktionalen Organisation. Ob dieser Direktverkehr jedoch nach den Vorschlägen Fayols oder nach denen Taylors zu gestalten ist, ist demgegenüber unwesentlich. Jeder der beiden Wege fügt sich in das funktionale System, sofern das mit seiner Anwendung verbundene Abstimmungsproblem eine befriedigende Lösung gefunden hat.

3. Linien- und Stab-Organisation.

Es ist kein Wunder, daß gerade diejenigen, die das Wesen der funktionalen Organisation nicht erfaßt haben, sie kritisieren. Wenn sie davon ausgehen, daß die Direktbeziehungen ausschließlich nach den Vor-

---

kening of disciplinary or line control unless proper means of coordinating the work of men and departements of the same authoritative level is provided".

[113]) Robinson (Fundamentals . . . S. 36): „Functionalization may be defined as that fundamental of organization which requires that all the proper functions of a business be recognized, granted existence, combined where similar or complementary, and placed under the direction, supervision and control of properly qualified executives who have only one, or at most but a few, similar functions to perform."

schlägen Taylors vor sich zu gehen haben, müssen sie diesen Typ ablehnen und für ihn einen nach ihrer Ansicht besseren vertreten. Sie setzen sich für die Linien- und Stab-Organisation ein. Der wesentliche Unterschied gegenüber der funktionalen Organisation wird darin gesehen, daß der Verkehr zwischen den einzelnen Arbeitsträgern

a) im Verhältnis zu „Nur-Beauftragten" ausschließlich auf Fayol'schen Direktwegen — also über die zuständigen Abteilungsleiter — vor sich gehen darf, dagegen

b) im Verhältnis zu Instanzen auch auf Taylor'schen Verkehrswegen.

Durch diese Regelung wird für die „Nur-Beauftragten" die Einheit der Auftragserteilung gewahrt. Die Prinzipien der funktionalen Organisation sind angeblich auf den Verkehr zwischen den einzelnen Abteilungen beschränkt, während innerhalb der Abteilungen das Linienprinzip herrscht.

Nun wurde schon erwähnt, daß eine richtig verstandene funktionale Organisation keinesfalls für allen innerbetrieblichen Verkehr die Taylorschen Verkehrswege verlangt. Es muß vielmehr abgewogen werden, wie die Voraussetzungen für die Abstimmung der von verschiedenen Arbeitsträgern an einen beliebigen anderen gerichteten Aufträge gelagert sind, um danach zu entscheiden, ob der Direktverkehr nach Fayols oder Taylors Vorschlägen vor sich zu gehen hat. Es ist somit durchaus möglich und praktisch auch oft der Fall, daß gerade für die Auftragserteilung an „Nur-Beauftragte" auf die Anwendung Taylor'scher Direktwege verzichtet wird. Dann ist das Bild, das die funktionale Organisation bietet, mit dem, das von der Linien- und Stab-Organisation gezeichnet wird, identisch.

Tatsächlich anders ist am Linien- und Stab-System nur die Forderung, daß im Verhältnis zu „Nur-Beauftragten" niemals die Taylorwege Anwendung finden dürfen, also selbst dann nicht, wenn die Voraussetzungen im Einzelfalle dafür gegeben wären. Dies Merkmal scheint indessen nicht so relevant zu sein, um diesen Organisationstyp als selbständigen neben dem funktionalen anzuerkennen, zumal nicht klar zu erkennen ist, ob die vom funktionalen Typ abweichende Eigentümlichkeit eine innere Begründung hat oder nur darauf zurückzuführen ist, daß die Problematik der Direktbeziehungen nicht erfaßt ist. Auf letzteres läßt die Einstellung, die die Verfechter des Linien- und Stab-Systems zur funktionalen Organisation einnehmen, schließen.

Es gibt noch eine andere Auslegung für die Linien- und Stab-Organisation, die eher Berechtigung hat, als selbständiger Organisationstyp, der zwischen den beiden anderen eine vermittelnde Stellung einnimmt, zu gelten:

Da sich bei der Linienorganisation, wie sie oben entwickelt wurde, das mangelnde Sachverständnis der einzelnen Arbeitsträger als besonders nachteilig erwies, werden zusätzlich beratende Stabstellen eingerichtet, die die in der Linie Arbeitenden fachmännisch zu beraten haben. Der Stab ist disziplinarisch von der Linie unabhängig. Lediglich in der obersten Leitung treffen beide Sektoren zusammen.

Der nach dem Linienprinzip organisierte Sektor leistet die ausführende Arbeit. Die hier tätigen Funktionsträger sind berechtigt, bei den Stabstellen sachverständige Information einzuholen bzw. von ihnen ungefragt erhaltene Ratschläge zu verwerten. Ihre Arbeit wird damit besser, wenn auch nicht so gut und wirkungsvoll, wie bei der funktionalen Organisation.

Für den Stab gelten die Prinzipien der funktionalen Organisation: für eng umgrenzte Arbeitsgebiete sind jeweils Spezialisten eingesetzt, für die die Mehrheit der Auftragserteilung gilt. Denn neben Aufträgen, die ihnen ihre Vorgesetzten erteilen, erhalten sie welche von den Linienbeamten, mit denen sie durch keinerlei disziplinarische Beziehungen verbunden sind, sondern lediglich organisatorisch.[114])

Hier handelt es sich also tatsächlich um einen Organisationstyp, der neben den beiden anderen eine besondere Stellung einnimmt.

4. Organisationstypen oder Organisationsprinzipien?

Welcher Organisationsform ist nun der Vorzug zu geben? Die in den vorangehenden Kapiteln entwickelten Zusammenhänge haben die Beantwortung dieser Frage vorbereitet. Es ist nicht zu rechtfertigen, diese Organisationstypen anzuerkennen:

a) es ist nachgewiesen, daß durch das Abgehen von dem Prinzip der Einheit der Auftragserteilung keinesfalls notwendig die Disziplin weichen muß. Damit fällt das Hauptargument für die Linienorganisation. Den Nachteilen stehen dann nicht genügend gewichtige Vorteile gegenüber, die es vernünftig erscheinen lassen, die Linienorganisation heute noch als zweckmäßig zu betrachten.

b) Es ist nachgewiesen, daß die Möglichkeit der Spezialisierung weit gehend davon abhängt, in welchem Umfange das Zentralisationsprinzip angewendet werden kann. Dies ist im Einzelfalle sehr verschieden. wobei vor allem die räumliche Verteilung der betrieblichen Arbeit eine Rolle spielt. Durch diese Feststellung wird der funktionale Organisationstyp getroffen, der prinzipiell die Zusammenfassung gleicher

---

[114]) Die Rateinholung seitens der Arbeitsträger der Linie bedeutet für die ratgebende Stelle Auftragserteilung, wie an anderer Stelle, auf S. 67 als über die informatorischen Beziehungen gesprochen wurde, dargelegt wurde.

oder ähnlicher Funktionen verlangt, ohne die Grenzen der Zentralisation zu erkennen. Die Stellungnahme gegenüber der funktionalen Organisation lautet demnach so: die zugrundeliegende Idee ist richtig; es muß danach getrachtet werden, sie im Rahmen des vernünftigen und zweckmäßigen zu verwirklichen.[115])

c) Auch die Linien- und Stab-Organisation verliert ihre Bedeutung als selbständiger Typ: es besteht nach dem, was unter a) gesagt wurde, kein Grund mehr, den Liniensektor aufrechtzuerhalten. Es besteht ebensowenig ein Grund, die Vorteile, die durch weitgehende Arbeitsteilung erreichbar sind, nicht auszunutzen, d. h. also, die Spezialisierung nicht bis zu den Grenzen des Vernünftigen durchzuführen.[116])

An die Stelle der Organisationstypen werden Organisationsprinzipien gesetzt. Statt sich für den einen oder anderen Typ zu entscheiden, sollen die Prinzipien verständig angewendet werden. Hierfür sind die Voraussetzungen geschaffen, indem Sinn und Bedeutung der einzelnen Grundsätze erklärt wurden. So führt dann die Anwendung der gleichen Prinzipien im Einzelfalle zu verschiedenen Organisationsergebnissen: einmal ergibt sich ein Betriebsaufbau, der dem der Linienorganisation nahekommt; ein ander Mal einer, der dem funktionalen Organisationstyp gleicht. Mögen die Unterschiede im Aufbau der Betriebe noch so stark erscheinen, sie lassen sich stets durch die gleichen Prinzipien erklären.

XI. Die Verteilung der Abteilungsfunktionen.

1. Analyse.

Durch die Abteilungsbildung ist das Gerippe des für die Aufgabenlösung erforderlichen Betriebes geschaffen. Es kann nun durch die Regelung der Abteilungsarbeit die Organisation verfeinert werden. Das bedingt:

a) klares Erfassen aller zum Abteilungsbereich gehörender Funktionen und ihre Verteilung auf die die Abteilungsgemeinschaft bildenden Personen,

b) räumliche Ordnung und Gestaltung der Arbeitsplätze.

Die Frage b) wird im folgenden nicht mehr näher behandelt, denn der Standort der Arbeitsplätze bestimmt sich nach den schon er-

---

[115]) es sei hervorgehoben, daß diese Stellungnahme eine wesentlich andere ist, als die welche die Verfechter des Linien- und Stabtyps vertreten. Vergl. S. 75/76.

[116]) vergl. Ziffer b); ferner die Ausführungen über Spezialisierung und Zentralisation auf S. 48/49.

wähnten Grundsätzen über die räumliche Verteilung der Funktionen,[117]) während zur Frage der Arbeitsplatzgestaltung auf vorhandene Spezialliteratur verwiesen werden kann.[118])

Für die Zwecke der Abteilungsbildung war es nicht nötig, die Analyse der Betriebsaufgabe soweit durchzuführen, daß die betriebliche Arbeit bis in alle Einzelheiten erfaßt wurde; man begnügte sich zunächst vielmehr mit einer groben Gliederung. Die Funktionen, die den einzelnen Abteilungen zugewiesen sind, verdecken also je einen Arbeitsablauf, der meist als einfacher Arbeitszyklus gedeutet werden kann. Damit diese Arbeitsabläufe klar hervortreten, ist eine genauere Analyse der Abteilungsfunktionen erforderlich. Sie bildet die Grundlage für die Regelung der Abteilungsarbeit. Die Analyse muß zumindest soweit gehen, daß die für die Funktionserfüllung geeigneten Hilfsmittel (Maschinen, Werkzeuge etc.), die den einzelnen Arbeitsabläufen das Gepräge geben sollen, festgelegt werden. Manchmal werden auch die die Handhabung der Hilfsmittel bedingenden Funktionenfolgen ermittelt. Die Analyse wird dann also bis zu den Elementarfunktionen durchgeführt. Das geschieht aber nur, wenn die aus den Bewegungsstudien [119]) gewonnenen Erkenntnisse derart vorteilhaft sind, daß sich der Aufwand für die Analyse bezahlt macht. Diese Bedingung wird nur bei Funktionen mit kurzem Rhythmus erfüllt, bei denen der im Einzelfall geringfügig erscheinende Vorteil im Zeitablauf durch dauernde Wiederholung stetig an Bedeutung gewinnt. (Summierung kleiner Einzelvorteile ergibt einen großen Summenvorteil!)

2. Grundsatz der Anpassung.

Nachdem über die zum Abteilungsbereich gehörenden Funktionen auch in den Einzelheiten Klarheit geschaffen ist, erfolgt ihre Verteilung auf Arbeitsträger. Sie wird von dem **Grundsatz der Anpassung** beherrscht, der verlangt, daß der einem Funktionsträger zugewiesene Funktionenkreis seinem Können entspricht. Diese Proportionalität hat zwei Seiten:

a) die Funktionenart muß der natürlichen Veranlagung des Funktionärs entsprechen: **qualitative Anpassung**;

---

[117]) vergl. S. 29 ff.

[118]) u. a. RKW-Veröffentlichungen Nr. 71: Der Mensch und die Rationalisierung. I; Teil 3: Bestgestaltung der Arbeit. (Jena 1931). RKW-Veröffentlichungen Nr. 83: Der Mensch und die Rationalisierung II: Mensch und Arbeitsgerät. (Berlin 1933). Riedel: Arbeitskunde. (Leipzig u. Berlin 1925.)

[119]) das ist der technische Ausdruck für die Analyse, die zur Aufdeckung der Elementarfunktionen führt; vergl. S. 11.

b) die Funktionenzahl muß auf sein Leistungsvermögen abgestimmt sein, so daß der Arbeitsträger die Funktionen in der ihm zur Verfügung stehenden Zeit erledigen kann: quantitative Anpassung.

Die Beachtung dieses Grundsatzes sichert sowohl die Belange des Betriebes als auch die des Arbeiters. Letzterer wird vor Ueberanstrengung geschützt, da ihm nicht mehr Funktionen zugewiesen werden, als er zu leisten vermag. Für den Betrieb wird optimaler Einsatz der Arbeiter gesichert: sowohl die Verluste aus unzureichender Beschäftigung der Arbeitsträger als auch die mit ihrer übermäßigen Beanspruchung verbundene Fehlarbeit werden vermieden.

Die Durchführung des Grundsatzes ist überaus schwierig. Zunächst muß die Zeitdauer, die für die Erledigung der einzelnen Funktionen benötigt wird, genau bekannt sein. Es müssen also genaue Messungen, Zeitstudien, vorgenommen werden. Das lohnt sich oft nicht.[120]) Man schätzt dann die für die Funktionserfüllung erforderliche Zeit. Damit wird das erste Unsicherheitsmoment in die Funktionsverteilung hineingetragen.

Andere gesellen sich hinzu: man muß nicht nur die Zeit, die für die Ausübung der einzelnen Funktionen erforderlich ist, kennen, sondern auch ihren Rhythmus. Auch er ist oft nicht feststellbar. Wiederum muß geschätzt werden.

Es muß versucht werden, das in diesen Unsicherheitsmomenten ruhende Risiko durch eine gewisse Reservehaltung zu erfassen. Wie groß sie sein muß, hängt von der Verläßlichkeit der Schätzung ab. Eine besondere Note erhält das Reserveproblem in den Fällen, in denen nicht nur über den Rhythmus, sondern auch über die Art einer Funktion Ungewißheit herrscht. Das Risiko, das solange nur ein quantitatives war, wird um ein qualitatives erweitert: reichen die Fähigkeiten der Betriebszugehörigen überhaupt aus, um die möglicherweise auftretenden Funktionen meistern zu können?

Um den Umfang der zu schätzenden Funktionen zu vermindern und um so für die Funktionenverteilung eine verläßlichere Basis zu gewinnen, ist es oft angebracht, für die Ausübung einzelner ungewisser Funktionen keine Betriebsstelle vorzusehen. Jeweils, wenn im Laufe der Betriebsarbeit dann derartige Funktionen tatsächlich auftreten, werden betriebsfremde Fachleute herangezogen. Das geschieht sehr häufig bei Reparaturarbeiten, juristischen Angelegenheiten, Revisionen und Organisationsänderungen.

---

[120]) es gilt gleiches wie für die Bewegungsstudien; vergl. S. 79.

3. Anpassungshindernisse.

Die hier geschilderten Schwierigkeiten haben ihren Ursprung in der Betriebsaufgabe. Andere Hindernisse für die Herstellung der erstrebten Proportionalität erklären sich aus der menschlichen Natur: die psychische und physische Verfassung der Arbeitsträger ist steten Aenderungen unterworfen, die sich nicht exakt bestimmen lassen. Diese Veränderungen beeinflussen die Arbeitsfähigkeit und damit die Arbeitsleistung. Der Wunsch, hier mehr Klarheit zu schaffen, führte zu Ermüdungsstudien, die wertvolle Ergebnisse zeitigten. Diese Untersuchungen beschäftigen sich vorwiegend mit der Tagesleistung. Sie führten zu der Erkenntnis, daß die Aufrechterhaltung der Leistungsfähigkeit von den verschiedensten Faktoren abhängt, von denen die wichtigsten die folgenden sind:

a) zweckmäßige Einfügung von Pausen in den Arbeitsvollzug;
b) zweckmäßige Begrenzung der täglichen Gesamtarbeitszeit;
c) zweckmäßige Arbeitsbedingungen. Sorge für ausreichende Beleuchtung, richtige Temperatur, gute Entlüftung, einwandfreie Arbeitsräume, bequeme Arbeitsplätze.

Nicht nur die täglichen Leistungsschwankungen sind von Bedeutung; auch die wöchentlichen, monatlichen, saisonalen Leistungskurven sind zu beachten.[121])

Mit all diesen Problemen muß man sich auseinandersetzen, wenn die Funktionenverteilung nachher den Erwartungen entsprechen soll.

4. Stellenbildung.

Die geforderte Anpassung scheint am besten gewährleistet, wenn man einen bestimmten Kreis geeigneter Personen auswählt, um auf ihn die Funktionen zu verteilen. Damit sind jedoch folgende Nachteile verknüpft: Die Existenz eines auf einen bestimmten Personenkreis aufgebauten Betriebes hängt wesentlich von dem Zusammenhalten der Beteiligten ab. Das Ausscheiden Einzelner, vielleicht schon eines Einzigen, würde den Betrieb schwer erschüttern. Da nur ein dem ausgeschiedenen völlig gleichgearteter Mensch an seine Stelle treten könnte, der schwerlich gefunden wird, so muß die Funktionenverteilung — vielleicht grundlegend — geändert werden, sofern man vermeiden will, daß derjenige,

---

[121]) grundlegend: Kraepelin: Die Arbeitskurve. (Wundts philosophische Studien, Bd. 19, 1902; S. 459 ff.) Zur Kritik vergl. H. d. A. I; Artikel „Arbeitskurve". Spalte 298 ff.

der den Platz des Ausgeschiedenen einnimmt, Anlaß zu dauernden Störungen gibt.[122])

Diese Nachteile können vermieden werden, wenn die Funktionenverteilung unabhängig von bestimmten Personen durchgeführt wird. Man schafft Arbeitsplätze, „Stellen", die später durch vorläufig noch unbestimmte Personen besetzt werden. Die Funktionen werden also nicht auf wirkliche, sondern auf fiktive, standardisierte Personen verteilt (Stellenbildung[123])). Die Regelung der Abteilungsarbeit kann dann als dauerhafte organisatorische Maßnahme angesehen werden; die darauf verwendete Mühe macht sich bezahlt.

Die Stellenbildung arbeitet mit menschlichen Standards. Darin liegt die Gefahr, daß sie Durchschnittsmenschen zugrunde legen muß, damit die jederzeitige Austauschmöglichkeit der Stelleninhaber gewahrt bleibt. Es müßte also auf die Ausnutzung besonderer Fähigkeiten verzichtet werden. Um dies zu vermeiden, ist es unerläßlich, das Prinzip der Stellenbildung mit dem der Spezialisierung zu verbinden: auf eine Stelle werden möglichst nur Funktionen vereinigt, die eine einzige Fähigkeit erfordern. Es wird dann nicht schwer sein, bei der Stellenbesetzung Personen zu finden, die die erforderlichen Fähigkeiten in besonderem Maße besitzen, mögen sie sich auch in anderem noch so sehr voneinander unterscheiden.[124])

---

[122]) Wer diese Methode der Funktionenverteilung vertritt, wird darauf verzichten müssen, die Abteilungsarbeit von vornherein sorgfältig zu organisieren, da der Aufwand hierfür wegen der relativ kurzen Fristen, für die die getroffenen Regelungen gelten, selten gerechtfertigt ist. Er wird deshalb empfehlen, die Regelung der Abteilungsarbeit den Abteilungsleitern fallweise zu überlassen.

[123]) Begriff von Nordsieck (Schaubilder, S. 27); die Idee ist alt. Angedeutet schon bei Schulze: Office Administration, (New York 1919) S. 115: „An organization should not be build around Personalities." Später schärfer formuliert bei Sheldon (The Philosophy of Management; S. 105): „the functions must be so divided, that normal human faculties can successfully discharge them".

[124]) Da nun bei kleineren Betrieben die Spezialisierungsmöglichkeit gering ist, so muß für sie das Stellenprinzip wertlos werden, denn es verhindert dann die Erlangung von Höchstleistungen. Unterstrichen wird diese Tendenz, weil gleichzeitig die Gründe, die für die Stellenbildung sprechen, an Gewicht verlieren: da die Organisation kleiner Betriebe weniger schwierig und umständlich ist, kann bei einem Personalwechsel die Funktionsverteilung verhältnismäßig leicht geändert werden. Das Prinzip der Stellenbildung erlangt also nur für Großbetriebe Bedeutung.

5. Nochmals: Spezialisierung.

Es wurde bei der Erörterung der Abteilungsbildung schon kurz erwähnt, daß man danach strebt, die Spezialisierung möglichst weit zu treiben. Man begnügt sich nicht damit, die Funktionen so zu verteilen, daß zur Ausfüllung einer Stelle nur eine bestimmte Fähigkeit erforderlich ist. Man zielt vielmehr darauf hin, auch die Fähigkeit noch auf einen ganz eng begrenzten Arbeitsbereich zu konzentrieren, um des Stelleninhabers Fertigkeit[125]) im Vollbringen der verlangten Leistung auf das höchstmögliche zu steigern. Man begnügt sich zum Beispiel nicht damit, einer Stelle die Funktion schlossern zuzuweisen; man gliedert diese Funktion vielmehr in ihre Komponenten und überläßt einer Stelle das Feilen, einer anderen das Nieten, einer dritten das Sägen etc.

Hierbei tritt die Frage nach den Grenzen der Spezialisierung in den Vordergrund. Sie werden vor allem durch die menschliche Natur gesetzt, die sich dagegen auflehnt, wenn sie in ihrem Gestaltungsdrang zu sehr eingeengt wird. Sie fühlt sich dann gedemütigt, was widerwillige, lustlose Arbeitserledigung zur Folge hat. Die mit der Spezialisierung beabsichtigten Vorteile schlagen dann in das Gegenteil um. Es ist jedoch schwierig, festzustellen, wo die Grenze liegt. Sie wird mit der Einführung von Fließarbeit nicht notwendig schon überschritten, wie manchmal angenommen wird. Arbeitsphysiologische Untersuchungen haben ergeben, daß richtig organisierte Bandarbeit günstiger sein kann, als die gleiche Arbeit bei frei gewählter Ausführung. Es kommt nur auf die zweckmäßige Regelung der Bandgeschwindigkeit an.[126])

Fehlt es an den Voraussetzungen für eine durchgreifende Spezialisierung, so wird die Frage nach den Grenzen der Spezialisierung gar nicht akut. Wie in anderem Zusammenhange schon erwähnt wurde, kommt es entscheidend auf den Rhythmus der zu verteilenden Funktionen an.[127]) Ist der Abteilungsinhalt zum Beispiel vielseitig, umschließt er also zahl-

---

[125]) Es ist streng zu scheiden zwischen Fähigkeit = natürliche Veranlagung (die Arbeitswissenschaftler sagen: psychophysische Konstitution) und Fertigkeit = durch Uebung erworbene Technik in der Ausübung einer Funktion.

[126]) Atzler: Der praktische Nutzen der Arbeitsphysiologie. (Z. f. O. 1932, S. 62 ff.). —
Nebenbei: man wird die Grenze der Spezialisierung als völlig uneinheitlich ansehen müssen, weil die Reaktion auf Arbeitsmonotonie durchaus verschieden ist. Es gibt Menschen, die unter Arbeitsmonotonie seelisch leiden, eine zweite Gruppe, die indifferent bleibt und eine dritte, allerdings kleine Gruppe, die gleichförmige Arbeit lustvoll begrüßt. (vergl. RKW: Der Mensch und die Rationalisierung; Bericht über die Tagung am 27. und 28. Febr. 1931. S. 10).

[127]) vergl. S. 47, Spezialisierung und Abteilungsbildung.

reiche unterschiedliche Arbeitszyklen, weil jeder von ihnen einen langen Rhythmus hat, so ist die Spezialisierungsmöglichkeit gering. Sie ist schon besser, wenn die artmäßigen Unterschiede der immer noch langrhytmischen Arbeitszyklen sich vermindern oder die Zahl der verschiedenen Zyklen sich infolge Verkürzung ihrer Rhythmen reduziert. Sie wird vollendet, wenn ein einziger einfacher Arbeitszyklus wegen seines besonderes schnellen Rhythmus' ausreicht, um eine Abteilung voll zu beschäftigen.

In dem zuletzt erwähnten Fall braucht man den Arbeitszyklus nur in die ihn bildende Funktionenfolge zu zerlegen und jede einzige oder einige wenige dieser komplementären Funktionen einer besonderen Stelle als Arbeitsgebiet zuzuweisen. In den beiden ersten Fällen hingegen hängt das Maß an Spezialisierung wesentlich von der Anwendungsmöglichkeit des Zentralisiationsprinzips [128]) ab.

Dann treten bei der Stellenbildung die gleichen Fragen auf, wie bei der vorangegangenen Abteilungsbildung. Auf ihre nähere Behandlung kann deshalb verzichtet werden.

Nur eines verdient noch erwähnt zu werden: da erst bei der Stellenbildung das Problem der Grenzen der Spezialisierung Bedeutung erlangt, so muß hier das, was bei der Abteilungsbildung über die Zentralisation gesagt wurde, dahin ergänzt werden, daß es manchmal angebracht ist, sich kompensierende Funktionen zusammenzufassen: Ist die Spezialisierung soweit getrieben, daß die Gefahr der Monotonie besteht, so wird in dem Moment, in dem wegen der Eintönigkeit der Arbeit die Leistung zu sinken droht, die Arbeit unterbrochen und eine andere, ebenfalls stark spezialisierte angefangen, die beim Wirksamwerden der Monotonie wiederum durch die erste abgelöst wird. Auf eine Stelle werden also zwei Funktionen, die verschiedene, sich kompensierende Anforderungen an den Arbeitsträger stellen, zentralisiert. Der Erfolg dieses Verfahrens hängt wesentlich von der richtigen Dosierung der Zeiten, denen sich die betreffende Stelle einer Funktion jeweils hintereinander zuwendet, ab. In einer Zigarettenfabrik wurde ermittelt, daß die Leistungen bei 1,5- bis 2stündigem Arbeitswechsel am günstigsten sind.[129]) Es sind jedoch auch genügend Beispiele bekannt, bei denen durch unpassende Zeitbemessung sich statt der erhofften Vorteile Nachteile bemerkbar machten. In einer chemischen Fabrik, die Tabletten in kleinen Flaschen liefert, wurde die Gesamtleistung durch zu häufigen Arbeitswechsel beeinträchtigt. Nachdem man die Arbeit weniger häufig wechselte, gelang eine Leistungssteigerung von 17—20%.[129])

[128]) man kann analog dem Zentralabteilungsprinzip vom Zentralstellenprinzip sprechen.

[129]) Z. f. O. 1932; S. 34.

6. Die Organisierbarkeit der Abteilungsarbeit.

Von der Natur der Abteilungsfunktionen hängt es ab, in welchem Umfange der Arbeitsvollzug sich organisieren läßt. Das Minimum ist, daß der Arbeitsablauf soweit geregelt wird, daß die Hilfsmittel, die ihm das Gepräge geben, bestimmt werden. Ungeregelt und damit der Disposition überlassen bleibt:

a) die Handhabung der einzelnen Hilfsmittel,
b) die Verbindung der an die einzelnen Arbeitsplätze geketteten Funktionen miteinander zu einem geschlossenen Arbeitsablauf,
c) die Festsetzung der Zeiten, in denen die einzelnen Funktionen erledigt werden sollen,
d) die Veranlassung der Funktionserfüllung.

Die organisatorische Regelung der Abteilungsarbeit kann in den verschiedensten Abstufungen über das eben skizzierte Minimum hinausgehen, je nachdem, ob nur einzelne der bisher der Disposition überlassenen Punkte oder mehrere oder alle durch die Organisation erfaßt werden. Letzteres ist beim Fließverfahren der Fall. Es kann deshalb als Maximum der Organisation angesprochen werden. In allen anderen Fällen bleibt mehr oder weniger Dispositionsarbeit in den Abteilungen. Sie wird entsprechend den an anderer Stelle gegebenen Regeln zum Teil auf die Instanz zentralisiert, zum andern Teil den dezentral arbeitenden „Nur-Beauftragten" überlassen, die demnach bei der Arbeitsausführung Dispositionsfreiheit haben. (Besonders ausgeprägt bei Ein- und Verkäufern!)

7. Abteilungen mit Plan- und Ueberwachungsfunktionen.

Besonderes Interesse verdient die Regelung in den Abteilungen, denen ausschließlich oder überwiegend Plan- oder Ueberwachungsfunktionen zugewiesen sind. Planung und Ueberwachung sind ihrem Wesen nach rein geistige Vorgänge. Das rechtfertigte bei der logischen Aufgabengliederung ihre Einordnung in die Kategorie Leitung, der die anderen, Kern- und Verwaltungsfunktionen, als rein ausführende gegenübergestellt werden.

Bei arbeitsteiligem Betrieb muß nun das Beobachtete und Geplante symbolisiert werden, um anderen Stellen mitgeteilt werden zu können. Das erfordert Schreib-, Rechen- oder Zeichenarbeit. Die Symbole (Schriftstücke, Rechnungen, Kalkulationen, Stücklisten, Zeichnungen, Rezepte usw.) lösen ihrerseits neue Funktionen aus: sie müssen geordnet und befördert werden; sie müssen verwaltet werden. (Registratur!) Alle diese Funktionen erfordern eine bestimmte Technik, die immer die gleiche bleibt, mag auch der Inhalt des Symbolisierten noch so verschieden sein.

Diese Technik kann deshalb genau so, wie die für die Ausübung der Kern- oder Verwaltungsfunktionen erforderliche, organisatorisch geregelt werden. So erklärt sich die zunehmende Mechanisierung der Büroarbeit.

Es tritt also neben die Kern- und Verwaltungsfunktionen eine neue Gruppe ausführender Funktionen (Hilfsfunktionen). Sie gewinnt mit zunehmender Betriebsgröße und wachsender Spezialisierung unverhältnismäßig an Bedeutung. Es ist das naheliegendste, sie wegen ihres natürlichen Zusammenhanges mit den echten Plan- und Ueberwachungsfunktionen in die Kategorie Leitung einzubeziehen, wenn man ihnen nicht eine eigene Kategorie zubilligen will. Es wäre dann zu unterscheiden zwischen:

a) Leitung im engeren Sinne = Disposition und Organisation als typisch geistige Vorgänge und
b) Leitung im weiteren Sinne = Disposition und Organisation in der eben gekennzeichneten Weise einschließlich der die praktische Nutzung dieser Funktionen auslösenden Hilfsarbeiten.

Man gibt so jedoch dem Begriff Leitung einen der allgemeinen Auffassung ungewöhnlich weit erscheinenden Inhalt.[130]) Will man dies vermeiden und sich begrifflich der allgemeinen Auffassung anschließen, so kann man auch die Hilfsfunktionen mit der Verwaltung in dem an anderer Stelle entwickelten engen Sinne zur Verwaltung im erweiterten Sinne zusammenfassen. Das läßt sich indessen logisch nicht rechtfertigen:

a) Funktionen mit gleichem Ziel gelten im gleichen Betrieb einmal als Leitung (die persönliche Aufsicht und Planung der Abteilungsleiter), ein andermal als Verwaltung (sachliche Ueberwachung durch das Rechnungswesen; systematische Arbeitsvorbereitung).
b) In verschiedenen Betrieben gelten gleiche Funktionen einmal als Leitung (wenn in einem Kleinstbetrieb der Inhaber Planung und Ueberwachung ohne besondere Aufzeichnung vornimmt), ein andermal (im Großbetrieb) als Verwaltung.

Wenn man die Hilfsfunktionen zur Verwaltung rechnet, so wird man die Begriffe Verwaltung und Leitung niemals exakt und eindeutig umreißen können, weil ihr Inhalt von der jeweiligen — stets individuellen — Betriebsorganisation abhängt.

8. Korrekturen.

Im Laufe der Organisation der Abteilungsarbeit erweist sich meist eine Korrektur der Abteilungsinhalte als notwendig. Die anfangs nur summarisch festgelegten instantiellen Arbeitsbezirke lassen sich selten

---

[130]) Es muß jedoch betont werden, daß diese „allgemeine Auffassung" alles andere als einheitlich ist.

gleich auf den ersten Anhieb so auf die einzelnen Stellen verteilen, daß der Grundsatz der Anpassung gewahrt bleibt. Meist bleiben in den einzelnen Abteilungsbereichen Funktionen übrig, die nicht genügen, um die Bildung einer besonderen Stelle zu rechtfertigen. Man kann sie anderseits den schon eingerichteten Abteilungsstellen nicht zuweisen, da deren Kapazität sonst überlastet wird. Hier muß also die Grenze zwischen den zusammenarbeitenden Abteilungen so verschoben werden, daß der Arbeitsumfang einzelner Abteilungen um die lästigen Funktionen eingeengt, der anderer entsprechend erweitert wird, bis es sich lohnt, dort eine neue Stelle einzurichten. Diese Korrekturen in der Abgrenzung der instantiellen Zuständigkeiten müssen auf das sorgfältigste vorgenommen werden, sonst häufen sich die Kompetenzstreitigkeiten.

9. Stellenbesetzung.

Die vorliegenden Ausführungen über die Stellenbildung beruhten auf der Annahme, daß die Stellen stets nur durch Einzelpersonen besetzt werden.[131]) Mitunter wird auch eine Personenmehrheit vorgesehen (Kollegialprinzip). Dies hat sich besonders für Stellen, die informatorischen Zwecken dienen, bewährt. Die Beteiligten treten zu Konferenzen zusammen, um im Wege der Diskussion Fragen zwanglos zu erörtern und unter Beseitigung persönlicher Vorurteile zu klären. So wird für die Rat erheischende Stelle, meist eine hohe Instanz, eine zuverlässige und klare Grundlage für notwendige Entscheidungen geschaffen und gleichzeitig die Zusammenarbeit und das Gemeinschaftsgefühl unter den Konferenzmitgliedern gefördert. Beispiele für derartige Konferenzen: Der Generaldirektor eines Fabrikbetriebes setzt sich mit dem Vertriebsleiter, Chefkonstrukteur, Betriebsleiter und dem Chef des Rechnungswesens zusammen, um über allgemeine Geschäftspolitik zu beraten; die an der Fabrikation maßgeblich Beteiligten konferieren über Fertigungsverfahren etc. Leitner [132]) berichtet von einem Großbetrieb, der bedarfsweise Konferenzen einberief:

a) zur Begutachtung neuer Vordrucke und Formulare,
b) zur Prüfung von Neukonstruktionen,
c) zur Prüfung der im Werk vorhandenen Schutzvorrichtungen.

Niemals jedoch sollten Konferenzen instantielle Befugnisse erhalten (Kollegialinstanzen). Hier muß Einzelbesetzung verlangt werden

---

[131]) Ueber die Stellenbesetzung vergl. Nordsieck: Schaubilder; S. 28. — Hennig: Betriebswirtschaftliche Organisationslehre; S. 101 ff. — Theisinger: Die Führung der Unternehmung als organisatorisches Problem. (Z. f. B. 1933; S. 658.)

[132]) Kontrolle, S. 13.

(Führerprinzip), damit schnelle Entscheidung und klare Verantwortung gesichert sind.[133])

Nach vollzogener Stellenbildung erfolgt eine sorgfältige Beschreibung der einzelnen Arbeitsbezirke. Sie dient als Grundlage für eine gewissenhafte Auswahl der für den Betrieb geeigneten Personen. Aus der Stellenbeschreibung läßt sich ableiten, welche Anforderungen an die Stellenanwärter gestellt werden müssen und wie demnach eine psychotechnische Eignungsprüfung — sofern man auf sie Wert legt — eingerichtet werden muß.

Die Stellenbeschreibung wird ferner in Form von Dienstanweisungen den einzelnen Stelleninhabern übergeben. Sie wird zweckmäßig dahin ergänzt, daß sie nicht nur über die Art der Tätigkeit und ihre Abgrenzung gegenüber anderen Auskunft gibt, sondern auch über die Eingliederung der Stelle in den gesamten betrieblichen Ablauf. So wird beim Stelleninhaber das Verständnis für seine Arbeit gefördert.

XII. Die Grenzen der Organisation.

1. Betriebsgröße.

Die Organisationsmöglichkeiten sind nicht unbegrenzt: je größere Betriebe aufgebaut werden, um so mehr schwindet ihre Elastizität. Das gilt insbesondere für die Betriebsleitung. Der Wunsch, dem Betriebe die erforderliche Wendigkeit zu erhalten, veranlaßt dazu, die Leitung in steigendem Maße zu dezentralisieren. Da aber anderseits zunehmende Betriebsgröße immer straffere Zusammenfassung verlangt, um die Zielstrebigkeit der großen, an der Aufgabenlösung beteiligten Masse zu sichern, so muß die Dezentralisation schließlich zur Desorganisation führen: die einzelnen Glieder werden immer selbständiger und verlieren schließlich ihren Gliedcharakter, um ein Eigenleben zu führen.

Einer grenzenlosen Vergrößerung der Organisation stehen ferner wirtschaftliche Ueberlegungen im Wege. Da mit zunehmender Betriebsgröße Leitung und Verwaltung progressiv steigen, muß sich diese Tendenz schließlich auf die Gesamtkosten übertragen, mag sie auch anfangs durch eine gegenläufige — also degressive — Entwicklung der Kosten der Kernarbeit kompensiert werden.

Es scheint unter diesem Gesichtspunkt zweckmäßig zu sein, die Aufgaben so zu formulieren, daß zu ihrer Lösung Betriebe aufgebaut werden

---

[133]) Der Verwirklichung dieser Forderung stehen z. Zt. noch zahlreiche Bestimmungen des Gesellschaftsrechts entgegen. Die Reformbestrebungen zielen auf die Beseitigung aller mit dem Führerprinzip nicht vereinbarer Normen hin.

müssen, deren Größe als optimal angesprochen werden kann. Das ist der Fall, wenn zwischen Kern- und Zusatzarbeit — d. i. Leitung und Verwaltung — die günstigste Relation besteht.

2. Gesellschaftliche Grenzen.

Noch in anderer Hinsicht bestehen Grenzen: die Handlungsfreiheit des Organisators wird durch die Rechtsordnung eingeengt. Besondere Bedeutung erlangen Gesellschafts- und Arbeitsrecht. Durch ersteres werden Beschränkungen in der Wahl der Unternehmungsformen[134]) auferlegt, die sich vor allem auf die Verteilung der Leitungsfunktionen auswirken. Letzteres enthält Bestimmungen über Einrichtung und Ausstattung der Betriebe,[135]) über die Arbeitszeit,[136]) und schließlich ebenfalls über die Funktionenverteilung.[137])

Ueber das Kodifizierte hinaus ergeben sich Beschränkungen der Organisationsfreiheit aus der Tatsache, daß jeder Betrieb in den größeren Zusammenhang Wirtschaft eingegliedert ist, die ihrerseits dem Volke dient. Diese Erweiterung des Blickfeldes erst setzt den Organisator in den Stand, die Menschen, die für die Aufgabenlösung benötigt werden, richtig einzusetzen. Es wird klar, daß die Wirtschaft des Menschen Kraft und Zeit nur in beschränktem Umfange nutzen darf, damit jener in der Lage ist, auch andere, nicht wirtschaftliche Aufgaben, die ihm als Glied einer Volksgemeinschaft obliegen, zu erfüllen: die als Staatsbürger, als Kulturträger, Familienglied, Individuum usw.

---

134) Bürgerliches Gesetzbuch: Verein und Gesellschaft; — Handelsgesetzbuch: Offene Handelsgesellschaft, Kommanditgesellschaft, Stille Gesellschaft, Aktiengesellschaft, Kommanditgesellschaft auf Aktien, Reederei; — Gesetz betreffend die Gesellschaften mit beschränkter Haftung; — Gesetz betreffend die Erwerbs- und Wirtschaftsgenossenschaften; — Gesetz über die privaten Versicherungsunternehmungen; — schließlich ist noch auf die für die Gewerkschaft geltenden landesrechtlichen Normen zu verweisen.

135) Schutzvorschriften der Gewerbeordnung (GO.); Titel VII, § 120a ff.

136) GO. Titel VII, § 105a ff. über die Sonntagsruhe; dann div. Sondergesetze, vor allem die Verordnung über die Arbeitszeit vom 14. 4. 1927 mit den Aenderungen, die das Gesetz zur Ordnung der nationalen Arbeit (AOG.) im § 68 vorsieht.

137) Erstens: Zuweisung bestimmter Funktionen an einen eigens für diesen Zweck zu bildenden Vertrauensrat (§ 6 AOG.). Zweitens: dem Führer des Betriebes — normalerweise dem Unternehmer — ist die Entscheidung in allen betrieblichen Angelegenheiten, die durch das AOG. geregelt sind, zu übertragen und die Pflicht zur Sorge für das Wohl der Gefolgschaft aufzuerlegen (§ 2 AOG.). Wegen der Einzelheiten vergl. §§ 5, 9, 12, 17, 20, 26 AOG.

Die Grundlage für all diese Aufgaben bleibt jedoch die Wirtschaft. Die Existenz eines Volkes hängt davon ab, daß die Bereitstellung ausreichender Lebensmittel gesichert ist. Ohne dies geht das Volk zugrunde. Je mehr nun die Produktivität der Arbeit [138]) gesteigert wird, um so weniger werden Kraft und Zeit des Menschen für die dringlichsten Wirtschaftsaufgaben in Anspruch genommen. Der Anteil, der frei bleibt für die Beschäftigung mit anderen Aufgaben steigt also.

Von der Produktivität der Arbeit hängt es demnach ab, wieweit die Volksgenossen sich anderen — höheren Aufgaben zuwenden können. Die Steigerung der Produktivität wird also zur unerläßlichen Forderung. Je mehr sie gelingt, um so reichlicher kann die Versorgung mit wirtschaftlichen Gütern werden, ohne andere Aufgaben zu vernachlässigen. Es kann schließlich, wenn ein ausreichender Lebensstandard erreicht ist, der den Wirtschaftsaufgaben gewidmete Anteil menschlicher Kraft und Zeit stetig reduziert werden. Erhöhte Produktivität macht also die Menschen reicher und freier! Der Weg zu diesem Ziel führt über rationale Organisation.

---

[138]) Produktivitätssteigerung bedeutet, bei gleichem Kraftaufwand pro Zeiteinheit mehr Leistung erzielen. Das darf nicht mit Intensivierung verwechselt werden, d. h. Steigerung des Kraftaufwands pro Zeiteinheit, um zu höherer Leistung zu gelangen.

Zusammenfassung.

Alles Organisieren hat nur Sinn, wenn Aufgaben da sind, die der Lösung harren. Eine bestimmte Aufgabe, die im Ziel klar erfaßt sein muß, ist daher Ausgangspunkt jeder Organisation. Jede Aufgabe ist eine — meist vielstufige — Funktionskombination. Durch Analyse muß dieser Funktionenbau systematisch aufgedeckt werden. Besondere Bedeutung erlangt hierbei das Problem der Wegwahl, das sich aus der Tatsache ergibt, daß für die gleiche Aufgabe regelmäßig mehrere Lösungen möglich sind. Der Organisator hat stets die zweckmäßigste, d. h. die wirtschaftlichste aufzufinden.

Die Analyse muß zunächst eine logisch-sachliche sein. Sie führt zur Erkenntnis dreier grundlegender Funktionenkategorien, ohne die die Lösung wirtschaftlicher Aufgaben nicht gelingt: erstens Kernfunktionen, zweitens Verwaltung und schließlich Leitung.

Sind durch die Analyse alle für die Aufgabenlösung nötigen Funktionen festgestellt, so erfolgt ihre Verteilung. Sie geschieht räumlich und personell. Die räumliche Funktionenverteilung wirft die Probleme des Standorts auf, die persönliche, die der Abgrenzung der Arbeitsgebiete der einzelnen für die Aufgabenlösung eingesetzten Menschen.

Die räumliche Ordnung der Funktionenerledigung wird vom Prinzip der kurzen Wege beherrscht. Abweichungen sind nur gerechtfertigt, wenn damit derartige Vorteile verbunden sind, daß die gleichfalls damit zusammenhängenden Nachteile eines längeren Verbindungsweges zwischen den zusammenarbeitenden Stellen zumindest kompensiert werden. Diese Bedingung ist wiederholt erfüllt. Der wichtigste Fall ist der der Zentralisation. Um die Anwendungsmöglichkeit des Zentralisationsprinzips näher zu kennzeichen, wurde eine Reihe von Grundsätzen herausgearbeitet.

Bei der persönlichen Funktionenverteilung steht zunächst der Instanzenbau im Vordergrund, der das organisatorische Mittel ist, für eine arbeitsteilig wirkende Menschenmenge eine einheitliche, zielausgerichtete Willensbildung zu sichern.

Der Instanzenbau ist durch das Vorgesetzten-Untergebenen-Verhältnis charakterisiert. Der Vorgesetzte hat die Zielsetzung, der *Untergebene die Ausführung*. Erforderlich ist, daß der Vorgesetzte Autorität besitzt. Von der *Autorität* muß die sachliche *Zuständigkeit* scharf geschieden werden, nach der sich die *Verantwortlichkeit* des Vorgesetzten — und darüber hinaus jedes Einzelnen — bestimmt. Denn: nach dem *Grundsatz der Kongruenz* müssen sich Zuständigkeit und Verantwortlichkeit inhaltlich decken. Die Klarheit über die Verteilung der Verantwortlichkeiten ist Voraussetzung dafür, daß jedermann im Betriebe für seine Handlungen zur Rechenschaft gezogen werden kann: *Grundsatz der Sanktion*. Es wird dann auch eine *innerbetriebliche Konkurrenz* möglich.

Mit dem Instanzenbau hängt die Abteilungsbildung zusammen. Geschieht sie nach dem *natürlichen Abteilungsbildungsprinzip*, so werden die instantiellen Zuständigkeitsbereiche leicht zu vielseitig. Das Prinzip wird also nicht ausreichend dem *Spezialisierungsgedanken* gerecht, selbst, wenn die Arbeit in hohem Maße vereinheitlicht ist. Deshalb muß — auch aus anderen Gründen — das *Zentralabteilungsprinzip* in den Vordergrund geschoben werden. Unter seiner Herrschaft verdichtet sich der Geschäftsverkehr zwischen den einzelnen Betriebsstellen. Das *Prinzip der Einheit der Auftragserteilung* ist damit in seiner Ausschließlichkeit nicht mehr verwendbar. Direkte Verkehrswege werden unvermeidbar. Mit ihnen ist eine Mehrheit der Auftragserteilung verknüpft. Die neue Parole lautet: *alles Normale ist im Direktverkehr zu erledigen, nur das Besondere — aber das unbedingt — geht den Instanzenweg*. Damit erlangt *das Abstimmungsproblem*: wie können die von verschiedenen Seiten ausgehenden Aufträge inhaltlich und zeitlich aufeinander abgestimmt werden? — besondere Bedeutung. Ebenso die Forderung strengster *Disziplin*.

Mit dem Instanzenbau ist auch die Frage nach der *richtigen Instanzenhöhe* verknüpft. Entscheidend für ihre Beantwortung ist die Ermittlung, wieviele Personen ohne Gefährdung der Disziplin einer Instanz unterstellt werden können. Allgemeingültige absolute Zahlen lassen sich nicht angeben. Soviel ist jedoch sicher, daß die Zahl der unmittelbar Untergebenen um so geringer sein muß, je höher der Rang ist, den eine Instanz einnimmt.

Nachdem die instantiellen Zuständigkeiten — vorläufig provisorisch — abgegrenzt sind, beginnt die organisatorische *Regelung der Abteilungsarbeit*. Es gelten im wesentlichen die gleichen Grundsätze wie für die Abteilungsbildung. Nach Analyse der Abteilungsfunktionen erfolgt die *Stellenbildung*. Besonders wichtig ist, daß der *Grundsatz der Anpassung* beachtet wird, Er hat doppelte Bedeutung:

a) die Funktionenart muß der natürlichen Veranlagung des Funktionärs entsprechen: qualitative Anpassung,

b) die Funktionenzahl muß auf sein Leistungsvermögen abgestimmt sein: quantitative Anpassung.

Parallel zur Organisation der Abteilungsarbeit läuft eine Korrektur der instantiellen Zuständigkeiten, nach der die anfangs nur provisorisch bestimmten Abteilungsbezirke endgültig festliegen. —

Literaturverzeichnis.

Alford: Handbuch für industrielle Werkleitung. Berlin 1929; Uebersetzung des „Managements handbook".

Alford: Laws of management applied to manufacturing. New York 1928.

Ausschuß für wirtschaftliche Fertigung: Grundlagen für Arbeitsvorbereitung: Zeitstudien. Berlin 1929.

Baumgarten: Psychologie der Menschenbehandlung im Betriebe. H. d. A. Band V, Teil 3; Halle 1930.

Bergmann: Verwaltungsprobleme im Industriekonzern. Festschrift für Schmalenbach; Leipzig 1933.

Bogdanow: Allgemeine Organisationslehre, Tektologie. Berlin 1926.

Borchert: Organisation. H. d. B. Band IV, S. 230.

Bredt-Birnbaum: Branchenmäßige Betriebsuntersuchung. Berlin 1932.

Calmes: Der Fabrikbetrieb. Leipzig 1922.

Czekalla: Die Hausgesetze der kaufmännischen Unternehmung. Stuttgart 1928.

Czekalla: Zweckmäßige Büroorganisation. Berlin 1928.

Dessauer: Philosophie der Technik. Bonn 1927.

Drury-Witte: Wissenschaftliche Betriebsführung. München und Berlin 1922.

Dutton: Business organization and management. Chicago and New York 1926.

Erdmann: Grundlagen einer Organisationslehre. Leipzig 1921.

Ermanski: Wissenschaftliche Betriebsorganisation und Taylorsystem. Berlin 1925.

Fayol: Allgemeine und industrielle Verwaltung. Uebersetzung von Reineke. München und Berlin 1929.

Fleege-Althoff: Die notleidende Unternehmung. Stuttgart 1930.

Gerson: Organisation, Statistik und systematische Kontrolle in kaufmännischen Betrieben. Hamburg 1913.

Gesellschaft für Organisation: Organisations-Schaubilder. Schriftenreihe Band 4; Berlin 1932.

Gilbreth-Colin Roß: Bewegungsstudien. Berlin 1921.

Goebel: Taylorismus in der Verwaltung. Hannover 1925.

v. Gottl-Ottlilienfeld: Fordismus? Jena 1924.

v. Gottl-Ottlilienfeld: Vom Sinn der Rationalisierung. Jena 1929.

Grimshaw: System und Organisation in kaufmännischen Betrieben. Stuttgart 1913.

Grull: Die Organisation von Fabrikbetrieben. Gloeckners Handelsbücherei Band 11 und 12; Leipzig 1928.

Gutenberg: Die Unternehmung als Gegenstand betriebswirtschaftlicher Theorie. Berlin 1929.
Hanftmann: Organisation und rationelle Arbeitsmethoden in kaufmännischen Betrieben. Osnabrück 1925.
Hellwig-Mäckbach: Neue Wege wirtschaftlicher Betriebsführung. Berlin und Leipzig 1928.
Hennig: Einführung in die betriebswirtschaftliche Organisationslehre. Berlin 1934.
Henzel: Erfassung und Verrechnung der Gemeinkosten in der Unternehmung. Berlin 1931.
Herzog: Industrielle Verwaltungstechnik. Stuttgart 1922.
Hinz: Fundamente der Organisation. Berlin 1920.
Hoffmann: Wirtschaftslehre der kaufmännischen Unternehmung. Leipzig 1932.
Hummel: Neuzeitliche Bürowirtschaft. Berlin und Leipzig 1930.
Jones: The administration of industrial enterprises. New York and London 1925.
Kimball: Prinziples of industrial organization. New York 1925.
Kluitmann: Moderne Bürotechnik. Münster 1932.
Krauß: Wissenschaftliche Betriebsführung. H. d. B. Band V. S. 1101.
Lang-Hellpach: Gruppenfabrikation. Berlin 1922.
Le Coutre: Betriebsorganisation. Berlin 1930.
Le Coutre/Thoms: Organisationslexikon. Berlin 1930.
Lehmann: Allgemeine Betriebswirtschaftslehre. Leipzig 1928.
Leitner: Bankbetrieb und Bankgeschäfte. Frankfurt 1925.
Leitner: Betriebslehre der kapitalistischen Großindustrie. Grundriß der Sozialökonomik; Tübingen 1923.
Leitner: Die Kontrolle. Frankfurt 1934.
Leitner: Wirtschaftslehre der Unternehmung. Berlin und Leipzig 1926.
Lisowsky: Vom Sinn organischer Wirtschaft. St. Gallen 1932.
Lohmann: Der Wirtschaftsplan. Berlin-Leipzig-Wien 1930.
Mäckbach-Kienzle: Fließarbeit. Berlin 1926.
Mahlberg: Der Betriebsbegriff und das System der Betriebswirtschaftslehre. Grundriß der Betriebswirtschaftslehre; Band II: Die Betriebsverwaltung. Leipzig 1927.
Marshall: Business administration. Chicago 1921.
Mazur-Neißer: Moderne Warenhaus-Organisation. Berlin 1928.
Mellerowicz: Allgemeine Betriebswirtschaftslehre. Berlin und Leipzig 1932.
Mellerowicz: Kosten und Kostenrechnung I: Theorie der Kosten. Berlin und Leipzig 1933.
Meyenberg: Organisation und Selbstkostenberechnung in Maschinenfabriken. Berlin 1926.
Meyenberg: Ueber die Eingliederung der Normungsarbeit in die Organisation einer Maschinenfabrik. Berlin 1924.
Nicklisch: Der Weg aufwärts! Organisation. Stuttgart 1922.
Nicklisch: Die Betriebswirtschaft. Stuttgart 1932.

Nordsieck: Die schaubildliche Erfassung und Untersuchung der Betriebsorganisation. Stuttgart 1932.
Nordsieck: Grundlagen der Organisationslehre. Stuttgart 1934.
Nordsieck: Die Arbeitsaufgaben und ihre Verteilung. H. d. E. S. 220 ff.
Oberparleiter: Funktionen- und Risikenlehre des Warenhandels. Berling 1930.
Peiseler: Zeitgemäße Betriebswirtschaft. Leipzig und Berlin 1921.
Petsch: Die Betriebsführung in den Reichsbahnausbesserungswerken. Siegen 1932.
Plenge: Drei Vorlesungen über die allgemeine Organisationslehre. Essen 1919.
Pontow: Die betriebswirtschaftliche Organisation in Speditionsgroßbetrieben Berlin 1922.
Poppelreuter: Zeitstudie und Betriebsüberwachung im Arbeitsschaubild. München und Berlin 1929.
Prelinger: Arbeitsgestaltung im Büro. Stuttgart 1931.
Reichsausschuß für Arbeitszeitermittlung: Refa Buch, Einführung in die Arbeitszeitermittlung. Berlin 1928.
RKW: Handbuch der Rationalisierung. Berlin 1932.
RKW: Der Mensch und die Rationalisierung. Bericht über die Tagung am 27. und 28. Februar 1931.
Riedel: Arbeitskunde. Berlin 1925.
Riedel: Arbeitsforschung. Archiv der Fortschritte betriebswirtschaftlicher Forschung und Lehre 1926; S. 57 ff.
Robinson: Fundamentals of business organization. New York 1925.
Sachsenberg: Grundlagen der Fabrikorganisation. Berlin 1912.
Sarter-Kittel: Die Deutsche Reichsbahn-Gesellschaft. Berlin 1931.
v. Schack: Die Praxis der Büro- und Geschäftsorganisation. Berlin 1925.
Schmaltz-Richter: Betriebswirtschaftlicher Produktionsprozeß. H. d. B. Band IV; S. 599.
Schultze: Organisatioren und Wirtschaftsführer. Leipzig 1923.
Schulze: Office administration. New York 1919.
Sparling: Introduction to business organization. New York 1920.
Seidel: Betriebsorganisation. Berlin und Wien 1932.
Seyffert: Der Mensch als Betriebsfaktor. Stuttgart 1922.
Seyffert: Handbuch des Einzelhandels. Stuttgart 1932.
Sheldon: The philosophy of management. London 1924.
Sombart: Die Ordnung des Wirtschaftslebens. Berlin 1925.
Spann: Organisation. Handwörterbuch der Staatswissenschaften, 4. Auflage; Band 6, S. 766.
Stahlberg: Organisation und betriebswirtschaftliche Grundprobleme der deutschen Handelsluftfahrt. Diss. Frankfurt 1931.
Taylor-Roesler: Die Grundsätze wissenschaftlicher Betriebsführung. Berlin 1919.
Taylor-Wallichs: Die Betriebsleitung. Berlin 1920.
Thoms: Betriebsverwaltung. Stuttgart 1934.
Tschierschky: Kartell-Organisation. Berlin 1928.

Urwick: Das Wesen der Rationalisierung. Stuttgart 1930.
ter Ven: Produktionsregulierung. H. d. B. Band IV; S. 662.
Walb: Die Organisation der Unternehmung und des Betriebes. Rothschilds Taschenbuch für Kaufleute, 2. Band; Leipzig 1927.
Walther: Organisation des modernen Effektenbetriebes. Berlin 1925.
Witte: Psychotechnik der Organisation in Fertigung, (Büro-) Verwaltung, Werbung. H. d. A. Band V, Teil 2; Halle 1930.
Witte: Wissenschaftliche Betriebsführung. München und Berlin 1922.

Zeitschriften:

ADB-Mitteilungen. (Herausgegeben von der Arbeitsgemeinschaft deutscher Betriebsingenieure.)
Betriebswirtschaftliche Blätter.
Der praktische Betriebswirt.
Die Betriebswirtschaft.
Maschinenbau — Der Betrieb.
Organisation — Betrieb — Büro.
RKW-Nachrichten.
Zeitschrift für Betriebswirtschaft.
Zeitschrift für Handelswissenschaft und Handelspraxis.
Zeitschrift für handelswissenschaftliche Forschung.
Zeitschrift für Organisation.

FSC
www.fsc.org
MIX
Papier | Fördert
gute Waldnutzung
FSC® C083411

Kolibri 360 GmbH
Ferdinand-Jühlke-Straße 7
99095 Erfurt, Deutschland
produktsicherheit@kolibri360.de